<u>Vom Wesen der Illusion</u>

Band 1

von Michael *Ackermann*

Bibliografische Information der Deutschen Nationalbibliothek:

Die Deutsche Nationalbibliothek verzeichnet diese Publikation in der Deutschen Nationalbibliografie. Detaillierte bibliografische Daten sind im Internet unter dnb.dnb.de abrufbar.

1. Auflage 2024

Verlag: BoD • Books on Demand GmbH, In de Tarpen 42, 22848 Norderstedt

Druck: Libri Plureos GmbH, Friedensallee 273, 22763 Hamburg

ISBN: 978-3-7597-2943-9

Vom Wesen der Illusion I

Inhaltsverzeichnis

Vorwort

Liebe Leserinnen und liebe Leser,

da dieses Buch zunächst für die deutschsprachige Leserschaft konzipiert ist, können wir uns hier die Ausdruckskraft dieser wunderbaren Sprache zunutze machen. Ich möchte Sie jedoch gleich vorwarnen: Was Sie hier lesen werden, könnte *merkwürdig* erscheinen – doch ist es nicht gerade das, was des *Merkens würdig ist*? Viele von Ihnen könnten das Geschriebene als *verrückt* empfinden. Doch muss ich nicht erst mein Weltbild verrücken, um in meiner Welt etwas *zu verrücken*, zu verschieben oder zu verändern? Sind wir als Gesellschaft nicht eigentlich ziemlich erbärmlich? Oder sind wir durch unser Erbe ärmlich? Anders gefragt: Sind es nicht gerade unsere überlieferten Glaubenssätze und Vorstellungen, die uns in mentalen Schranken halten?

Ist Ihnen bewusst, wie ein Elefant dressiert wird?

Als Kalb wird das Tier an eine schwere Kette gelegt, die fest im Boden verankert ist. Es kämpft und zerrt so lange, bis es schließlich aufgibt und die Unmöglichkeit seiner Flucht akzeptiert. Wenn der Elefant dann erwachsen ist, reicht es, die Kette lediglich an einem einfachen Pfahl im Boden zu befestigen. Beim kleinsten Widerstand oder Zug gibt er sofort nach, obwohl er mittlerweile stark genug wäre, den Pfahl mühelos herauszureißen oder die Kette zu zerfetzen. Doch er hat gelernt, dass er schwächer ist – eine Überzeugung, die ihm eingetrichtert wurde, obwohl sie längst nicht mehr der Realität entspricht.

Kann es unter diesen Umständen überraschen, dass ein Elefant eines Tages die Kontrolle verliert und auf Menschenmassen losstürmt, wenn ihm plötzlich bewusst wird, wie sehr er über die Jahre hinweg konditioniert und unterdrückt wurde? Stellen Sie sich den tiefen Frust und die Verzweiflung dieses sensiblen Wesens in so einem Moment vor.

Und nun eine unbequeme Wahrheit: Wir, Sie und ich, sind wie dieser Elefant.

Seien Sie nicht gleich missmutig, desillusioniert oder gar *enttäuscht* – oder wie ich es gerne nenne: *„ENDtäuscht"*. Denn wenn Sie diese Wahrheit erst einmal erkannt haben, können Sie sich von Ihren einschränkenden Glaubenssätzen und Überzeugungen befreien. Denken Sie daran: Zuletzt wird die *Täuschung* wirklich *enden*.

Nehmen Sie sich Zeit, die folgenden Informationen auf sich wirken zu lassen und „hören" Sie genau hin – nicht nur auf das Geschriebene, sondern auch auf das, was zwischen den Zeilen steht. Überlegen Sie einmal: Wir sprechen oft davon, zuzuhören, doch sind unsere Ohren dabei nicht buchstäblich „zu"? Wir haben zwei Ohren und nur einen Mund – möglicherweise ein Hinweis darauf, dass wir mehr hinhören und weniger reden sollten.

Viele Menschen hören nicht wirklich hin, sie warten nur darauf, selbst wieder sprechen zu dürfen. Achten Sie das nächste Mal in einem persönlichen Gespräch gerne darauf, wie oft das der Fall ist.

Das Wort „Zufall" kommt von „es fällt mir zu". Ich bin überzeugt, dass wir uns immer zur richtigen Zeit am richtigen Ort befinden und genau die Informationen und Aufgaben erhalten, die wir brauchen, um daran zu wachsen. Vielleicht – und das ist mein aufrichtiger Wunsch – finden Sie im Verlauf dieses Buches genau die Einsichten, die für Sie wichtig sind.

Sie kennen eventuell das Paretoprinzip, auch bekannt als die 80/20-Regel. Diese besagt, dass ein geringer Anteil von 20 % des Einsatzes 80 % des Ergebnisses erzielt. Dieses Verhältnis lässt sich in vielen Bereichen beobachten, sei es bei Pflanzen, Dienstleistern und ihren Kunden oder sogar im Vertrieb. Umgekehrt bedeutet dies, dass der Großteil – nämlich 80 % – nur einen kleinen Beitrag von 20 % zur Zielerreichung leistet. Dies macht deutlich, wie viel Zeit und Energie tatsächlich verschwendet wird, wenn man sich auf die weniger produktiven 80 % konzentriert. Anstatt sich auf die entscheidenden Faktoren zu fokussieren, wird oft in Bereiche investiert, die kaum zur Erreichung der wesentlichen Ziele beitragen. Wenn wir vertrieblich orientiert wären, sollten wir uns daher auf jene wenigen Schlüsselbereiche konzentrieren, die den größten Ertrag bringen. Die Herausforderung besteht jedoch darin, diese entscheidenden 20 % zunächst zu identifizieren.

Dieses Prinzip gilt nicht nur in der Wirtschaft, sondern auch für Bücher, Berichte und Informationen – diese Lektüre eingeschlossen. Vielleicht finden wir bei solchen Quellen sogar ein noch extremeres Verhältnis, wie 1:10 oder gar 1:100.

Leider haben wir keine andere Wahl, als diese Tatsache zwar stets im Hinterkopf zu behalten, aber vorerst unberücksichtigt zu lassen. Die Überprüfung des tatsächlichen Wahrheitsgehaltes ist oft äußerst schwierig, was später noch ausführlicher dargelegt werden wird. Beim Thema YouTube, diversen Internetrecherchen und sogenannten Verschwörungstheorien, falls wir diesen Begriff verwenden möchten, ist besondere Vorsicht geboten. Das Feld ist durchsetzt mit Falschinformationen.

Dennoch besteht die Überzeugung, dass die in diesem Band behandelten Themen eine essenzielle Wahrheit enthalten. Ob dabei einzelne Details ungenau sind oder ob ich selbst, ohne es zu merken, den Massenmedien und deren Desinformation auf den Leim gegangen bin, wird sich erst mit der Zeit zeigen. An dieser Stelle sollten wir auch die Freimaurer erwähnen, denen nachgesagt wird, 80 % Wahrheit mit 20 % Täuschung zu mischen.

Es geht darum, dass Sie hier Denkanstöße erhalten und sich Ihre eigenen Gedanken zu den Themen machen, die Sie interessieren. Wenn Sie Ihre Fragen stellen, werden Sie gewiss Antworten darauf erhalten – möglicherweise nicht heute oder morgen, aber sie werden kommen. Vertrauen Sie darauf! Behalten Sie dabei stets das Bild des Elefanten im Kopf. Kennen Sie das Gleichnis der fünf Blinden, die einen Elefanten berühren? Jeder betastet ihn an einer anderen Stelle – am Rüssel, Stoßzahn, Bein, Bauch oder an den Ohren. Wenn die Blinden den Elefanten beschreiben sollen, liefert jeder von ihnen ein anderes Bild. Würde es Sinn ergeben, wenn sie sich darüber streiten, wer den Elefanten korrekt beschrieben hat? Keiner von ihnen wird völlig recht haben, aber auch keiner wird völlig falsch liegen. Und keiner wird das vollständige Bild erfassen können!

Ein kleiner sprachlicher Exkurs: „Es macht Sinn" ist ein aus dem Englischen übernommenes Satzkonstrukt („It makes sense"). Im Deutschen müsste es jedoch „dies ergibt einen Sinn" oder „es ist sinnvoll" heißen. Interessanterweise wurde hier bewusst oder unbewusst eine Umstellung von „sein" zu „machen" vorgenommen. Doch geht es im Leben nicht viel mehr um das Sein als um das Tun?

Im Deutschen sprechen wir davon, „Geld zu verdienen", was das Wort „dienen" bereits in sich trägt. Es impliziert, dass wir etwas beitragen müssen, um eine Gegenleistung zu erhalten. Aus karmischer Perspektive ergibt das durchaus Sinn: Wir müssen zuerst Holz in den Ofen legen und das Feuer entfachen, bevor er uns wärmen kann. Doch ob die Menschheit diese Lektion wirklich verinnerlicht hat, bleibt fraglich. Im Englischen hingegen sagt man „make money", also Geld machen. Im Französischen spricht man von „gagner de l'argent", was wörtlich „Geld gewinnen" bedeutet. Ähnlich ist es in vielen anderen Sprachen. Prüfen Sie dies gerne in den Mundarten nach, die Sie kennen.

Nach zwei Weltkriegen auf europäischem Boden, mit Deutschland im Zentrum, lernten unsere Großeltern, dass man durch harte Arbeit vieles wiederaufbauen kann. Sie haben das erfolgreich getan und dieses Denken an die nachfolgende Generation weitergegeben. Die Botschaft lautete: „Durch harte Arbeit kannst du alles erreichen!" Erinnern Sie sich an das Wortspiel „durch Erbe ärmlich"? Doch heute lautet die Devise eher „work smart, not hard" – arbeite klug, nicht hart.

Die Amerikaner haben ein Sprichwort: „C-Student hires A-Student", was so viel bedeutet wie: „Der durchschnittliche Schüler stellt später den Einser-Schüler ein." Wussten Sie, dass viele der Topverdiener weltweit gar nicht studiert haben? Manchmal scheint es, als sei das Bildungssystem darauf ausgerichtet, perfekte Angestellte hervorzubringen, die dann für andere Menschen arbeiten und deren Ideen umsetzen. Warum sonst werden Fächer wie Steuersysteme, Unternehmensführung, Vermögensbildung oder Börsenwesen kaum in Schulen gelehrt?

Allerdings gibt es Online-Lehranstalten, in denen Unternehmertum bereits ab der ersten Unterrichtsstunde für 11-jährige Jugendliche vermittelt wird. Könnte es sein, dass sich deshalb so viele Schüler unbewusst gegen das Schulsystem sträuben und einige von ihnen dann bewusst protestieren, rebellieren oder einfach resignieren? Sobald der Elefant den Zug an der Kette spürt, gibt er nach.

Haben Sie nicht auch einen Personalausweis? Die Definition von „Personal" lautet: „Mit Personal werden die von Arbeitgebern beschäftigten Arbeitnehmer bezeichnet, die innerhalb einer institutionell abgesicherten Ordnung eine Arbeitsleistung gegen Arbeitsentgelt erbringen." Vielleicht sollten Sie sich lieber einen Reisepass besorgen – damit dürfen Sie wenigstens reisen.

Seien wir doch einmal ehrlich: Sind nicht die meisten von uns so gestrickt, dass wir beim kleinsten Druck nachgeben? Während in Frankreich längst die Autos brennen würden, sitzt der gutmütige Deutsche ängstlich zu Hause – mit mehr Regeln und Steuern als in vielen anderen Ländern. „Aber es wird ja schon werden." Ist das nicht genau unsere Mentalität?

Lassen Sie uns eines klarstellen: Diamanten entstehen nicht in weichen Umgebungen. Die Komfortzone gleicht Brachland, auf dem nichts wächst. „Durch harte Arbeit, Kind, kannst du Großes vollbrin-

5

gen." Aber für wen bringen Sie das Große? Für sich selbst? Vermutlich nicht, denn sonst müssten Sie es nicht bringen – es wäre schon da oder käme sogar zu Ihnen.

Ach, wie präzise ist doch die deutsche Sprache. Aber jetzt wird es ernst. Die nächsten zwei Kapitel könnten etwas anspruchsvoller werden. Versuchen Sie dennoch, diese zu verinnerlichen oder holen Sie es später nach.

Kapitel 1: Unsere Wahrnehmung

Da wir unsere Umwelt vor allem mit unseren Augen beobachten, beginnen wir mit ihnen. Das elektromagnetische Spektrum, das uns bekannt ist, reicht von Wellenlängen von etwa 10^{-15} Metern (also einem Billiardstel Meter) bis zu 10^{7} Metern (also 10 Millionen Metern). Unser sichtbares Spektrum erstreckt sich von etwa 400 Nanometern (nm) im Bereich des violetten Lichts bis etwa 650-700 nm, wo der dunkelrote Bereich endet und der Infrarotbereich beginnt. Das bedeutet, dass wir nur einen sehr kleinen Bereich von 0,0000003 Metern, also 300 Millionstel Metern, wahrnehmen können.

Diese kleine Auswahl an Frequenzen zeigt, wie eingeschränkt unser Sehvermögen tatsächlich ist. Trotzdem ist es bemerkenswert, wie unsere Augen die Wellenlängen in Bilder umwandeln, die unser Gehirn dann als Farben und Formen interpretiert.

Betrachten wir zum Beispiel einen von der Sonne beleuchteten Baum. Das Sonnenlicht umfasst eine Vielzahl von Wellenlängen, die für uns größtenteils unsichtbar sind. Trotzdem erscheint uns das Licht als angenehmes, helles Weiß oder gelblich. Weißes Licht enthält alle Farben des sichtbaren Bereichs. Trifft das Sonnenlicht auf Wassertropfen in der Luft, wird es gebrochen und wir sehen einen Regenbogen, der die einzelnen Farben sichtbar macht.

Nun zurück zum Baum: Er reflektiert das Sonnenlicht, wodurch wir den Stamm als braun und die Blätter in der warmen Jahreszeit als grün wahrnehmen. Der Baum empfängt jedoch das gesamte Lichtspektrum. Was geschieht mit den Farben, die wir nicht sehen? Diese werden vom Baum absorbiert, während nur bestimmte Wellenlängen des Lichts reflektiert werden. Diese reflektierten Lichtwellen treffen auf unsere Augen und erzeugen das Bild, das wir wahrnehmen.

Lichtteilchen, auch Photonen genannt, sind die Energiepakete, aus denen elektromagnetische Strahlung besteht. Photonen haben keine Masse, tragen jedoch Energie, die von ihrer Wellenlänge abhängt und bewegen sich mit Lichtgeschwindigkeit. Treffen sie auf ein Objekt, werden sie entweder absorbiert oder reflektiert. Mehr zu den Eigenschaften dieser Teilchen wird im nächsten Kapitel behandelt.

Die reflektierten Lichtwellen, die unser Gehirn als sichtbare Farben interpretiert, werden als ein umgekehrtes Bild auf unsere Netzhaut projiziert. Ein komplexer Prozess führt dazu, dass das Gehirn das Bild wieder korrekt dreht, sodass wir die Welt richtig herum beobachten. Letztlich nehmen wir jedoch nur das reflektierte Licht wahr, nicht das Objekt selbst. Dies wirft die Frage auf: Sehen wir wirklich das Objekt oder lediglich das Licht, das von ihm zurückgeworfen wird? Erkennt unser Gehirn nur die Farben, die reflektiert werden, während die absorbierten Farben für uns unsichtbar bleiben?

Es ist auch wichtig zu beachten, dass jede Farbe von verschiedenen Personen möglicherweise nicht völlig, aber doch unterschiedlich wahrgenommen werden kann. Wie können wir sicher sein, dass das Grün, das ich sehe, genau dasselbe ist wie das, das Sie sehen? Aktuell haben wir kein Messgerät oder keine Technologie, die es uns ermöglicht, die genaue Umsetzung von Licht in Bilder zu erfassen und diese Parameter einheitlich für alle sichtbar und bewertbar zu machen.

Um es klarer auszudrücken: Wie können wir sicherstellen, dass ein bestimmter Grünton in jedem Gehirn gleich dargestellt oder empfunden wird? Trotz aller Fortschritte in der Farb- und Lichtmessung bleibt diese Frage eine Herausforderung.

Haben Sie sich schon einmal gefragt, warum die Räder eines fahrenden Autos in Filmen bei einer bestimmten Geschwindigkeit rückwärts zu laufen scheinen? Das Fernsehbild besteht normalerweise aus etwa 25 Bildern pro Sekunde (fps), wodurch wir es als flüssige Bewegung wahrnehmen. Um ein Auto bei hoher Geschwindigkeit korrekt darzustellen, wären jedoch mehr Bilder pro Sekunde notwendig. Sagen wir, man bräuchte dafür 50 fps, hat aber nur 25 fps zur Verfügung. Deshalb wird nur die Hälfte der tatsächlichen Radbewegung erfasst, was den Eindruck erweckt, als würden sich die Räder rückwärts drehen.

Interessant wird es, wenn man sich vorstellt, jedes 100. Bild mit subliminalen Botschaften oder Werbung zu versehen. Auch wenn wir diese Bilder nicht bewusst wahrnehmen, könnten sie unser Unterbewusstsein dennoch beeinflussen. Solche Techniken könnten zur Manipulation der Bevölkerung genutzt werden und es gab bereits vor Jahrzehnten Versuche in dieser Richtung. Soweit ich weiß, sind derartige Praktiken in Deutschland jedoch verboten. Ähnlich könnten Musik und Schwingungen genutzt werden, um subtile Beeinflussungen zu erzeugen.

Musik ist ein passendes Stichwort, um von unseren Augen zu den Ohren überzuleiten. Die Frequenz, die unser Gehör wahrnimmt, wird in Hertz (Hz) gemessen. Bei 0 Hz beginnt der Infraschallbereich, der unterhalb von 16 Hz liegt. Dieser wird beispielsweise von Windkraftanlagen erzeugt und kann für die Umwelt und Tiere schädlich sein, obwohl der Mensch keine Organe besitzt, um Infraschall direkt wahrzunehmen. Vielleicht erinnern Sie sich an das dumpfe Dröhnen der Bassbox in der Disco, das im Bauch spürbar, aber nicht wirklich hörbar ist.

Dann gibt es den Hörschall, der den Bereich von 16 Hz bis 20 kHz (20.000 Hz) abdeckt und für unser Gehör wahrnehmbar ist. Alles, was darüber hinausgeht, gehört zum Ultraschallbereich, der von 20 kHz bis 1,6 GHz (1,6 Milliarden Hertz) reicht. Diese Frequenzen sind für den Menschen zu hoch, aber einige Tiere können sie noch vernehmen, weshalb Ultraschall oft zur Tierabwehr eingesetzt wird. Schallwellen oberhalb von 1,6 GHz werden als Hyperschall bezeichnet. Diese sind so hochfrequent, dass ihre Übertragung durch die Luft nur sehr eingeschränkt möglich ist. Dieser Bereich wird hier der Vollständigkeit halber erwähnt.

Die Geschwindigkeit des Schalls variiert je nach Dichte des Mediums, in dem er sich ausbreitet. In Gasen, Flüssigkeiten und Festkörpern sind unterschiedliche Geschwindigkeiten festzustellen, da Schallwellen zur Übertragung Moleküle benötigen, die durch chemische Bindungen zusammengehalten werden. Der Schall „wandert" entlang dieser Molekülketten. Wenn die Kette unterbrochen wird, stoppt auch die Schallübertragung. Da das Weltall angeblich ein Vakuum ist, wird verständlich, warum dort keine Schallübertragung möglich ist.

Um das Thema etwas aufzulockern, machen wir einen kurzen Exkurs zum Thema Gewitter. Erinnern Sie sich noch daran, wie Ihnen als Kind beigebracht wurde, bei einem solchen die Sekunden zwischen Blitz und Donner zu zählen, um den Abstand des Gewitters in Kilometern zu berechnen? Diese Regel kennen viele, aber der Grund dafür ist eventuell nicht jedem bewusst.

Blitz und Donner treten bei einem Gewitter gleichzeitig auf. Der Blitz ist das sichtbare Zeichen einer Entladung von enorm hoher Spannung, die meist in die Erde, Gebäude oder Bäume einschlägt. Obwohl Blitz und Donner simultan entstehen, nehmen wir den Blitz sofort wahr, da sich Licht mit einer Geschwindigkeit von exakt 299.792.458 Metern pro Sekunde ausbreitet. Diese Geschwindigkeit, die etwa 300.000 Kilometern pro Sekunde entspricht, ist so hoch, dass wir sie in diesem Zusammenhang vernachlässigen können.

Der Schall hingegen ist wesentlich langsamer unterwegs. In der Luft breitet er sich, abhängig von Temperatur und Luftfeuchtigkeit, mit einer Geschwindigkeit von etwa 320 bis 340 Metern pro Sekunde aus. Um die Berechnung zu vereinfachen, nehmen wir eine durchschnittliche Schallgeschwindigkeit von 333 Metern pro Sekunde an. Das bedeutet, dass der Schall in drei Sekunden etwa einen Kilometer zurücklegt.

Wenn Sie nun bei einem Gewitter die Sekunden zwischen Blitz und Donner zählen und durch drei teilen, erhalten Sie die ungefähre Entfernung des Gewitters in Kilometern. Wenn diese Zahl größer wird, entfernt sich das Gewitter, wird sie kleiner, kommt es näher. So einfach lässt sich das Phänomen erklären, das uns schon in der Kindheit beigebracht wurde.

Kehren wir nun zu unserem Gehör zurück. Wie wir gesehen haben, können wir auch hier nur einen kleinen Teil des gesamten Frequenzspektrums bewusst wahrnehmen. Unser „auditiver Radarschirm" ist also ebenso eingeschränkt wie unser visuelles Wahrnehmungsfeld.

Ähnlich verhält es sich mit unserem Geschmacks- und Geruchssinn. Jeder Mensch nimmt Gerüche und Geschmäcker unterschiedlich wahr. Zum Beispiel entscheiden wir oft unbewusst anhand des Geruchs, ob uns eine Person sympathisch ist oder nicht. Diese sensorischen Eindrücke beeinflussen unser Verhalten und unsere Wahrnehmung mehr, als wir oft denken.

Die Natur bietet eine Vielzahl an Düften und Pheromonen, die unsere Empfindungen und damit auch unser Verhalten beeinflussen, ohne dass wir uns dessen bewusst sind. Bienen, Ameisen und viele andere Lebewesen kommunizieren beispielsweise durch das Aussenden von Duftstoffen. Ebenso erkennen die neugeborenen Jungtiere von Säugetieren wie Bären, Tigern oder Wölfen ihre Mutter oder ihre Eltern ausschließlich anhand ihres Geruchs, da sie zunächst blind und zahnlos zur Welt kommen.

Interessanterweise nehmen Frauen Gerüche oft anders wahr als Männer und bilden dabei stärkere neuronale Verknüpfungen im Gehirn. Verändert sich der Körpergeruch eines Mannes im Laufe seines Lebens, etwa durch eine Ernährungsumstellung oder Krankheit, kann dies unter Umständen zu einer emotionalen Distanz führen. Der Duft wurde über die Zeit hinweg eng mit Körperkontakt und positiven Gefühlen assoziiert. Wenn sich dieser Duft verändert, entsteht eine neue Variable im Gehirn, die nicht mehr zu den bestehenden Verknüpfungen passt. Dies kann zu Unstimmigkeiten und Problemen in der Paar-Beziehung führen.

Wie Sie sehen, werden Gerüche und Geschmäcker genauso individuell wahrgenommen wie visuelle und auditive Eindrücke. Jede Sinneswahrnehmung ist einzigartig und beeinflusst unser Leben auf subtile, aber tiefgreifende Weise.

Kapitel 2: Vom Wesen der Physik

Um das Ganze noch weiter zu vertiefen, bewegen wir uns nun in Richtung der Quantenphysik und schließen letztendlich mit der Stringtheorie ab. Es muss deutlich werden, dass alles, was wir berühren können und was eine Haptik aufweist, im Grunde „gefrorenes Licht" ist. Wir haben gelernt, dass die Materie im Universum aus Atomen besteht. Diese wiederum setzen sich aus Elektronen (negativ geladenen Elementarteilchen), Protonen (stabilen, positiv geladenen Teilchen) und Neutronen (elektrisch neutralen Teilchen) zusammen.

Das ist die erste Ebene, in der wir uns nun bewegen möchten. Dabei gilt zu erkennen, dass zwischen Elektron, Proton und Neutron enorme räumliche Distanzen bestehen. Diese sind von solchem Ausmaß, dass wir dem dortigen Größenverhältnis, aus atomarer Sicht, guten Gewissens unser Sonnensystem gegenüberstellen können. Malen Sie sich in Gedanken das ganze System einfach als ein einziges Atom aus. Dabei ist die Sonne der Atomkern, der sich aus Protonen und Neutronen zusammensetzt und die Erde sowie die anderen Planeten entsprechen den Elektronen, die um den Kern kreisen.

Wir können diese Gegenstände, die aus den jeweiligen Atomen bestehen – zwischen deren einzelnen Bauteilen jedoch immense Weiten liegen – dennoch anfassen. Das bedeutet, wir sind eigentlich zu groß und fest oder besser ausgedrückt, von zu hoher Dichte oder zu niedriger Frequenz, um unsere Körper oder Gliedmaßen durch diese Gegenstände „hindurchführen" zu können. Wie zu Beginn schon angeführt, besteht im Endeffekt alle für uns sichtbare und fühlbare Materie aus, besser kann ich es nicht ausdrücken, „gefrorenem Licht". Die Frequenz hat sich folglich so stark verlangsamt und verdichtet, dass sie zu Materie wurde, die wir wahrnehmen und berühren können.

Gehen wir nun eine Ebene weiter zur Quantenphysik und Quantenmechanik. Hier geht die Wissenschaft davon aus, dass alles aus sogenannten Quarks besteht und je nachdem, wie sich diese Quarks ansiedeln oder verhalten bzw. „spinnen", hieraus dann die Elementarteilchen entstehen. Von dort stammt obendrein der Ausdruck Quantensprung. Das bedeutet, dass ein Teilchen auf eine neue Ebene oder Schwingungsfrequenz wechselt. Die dafür benötigte Energie ist die kleinste messbare Veränderung, die Wissenschaftler überhaupt feststellen können. Wenn Marketingexperten oder Politiker von einem Quantensprung sprechen, ist das in Wirklichkeit also keine besonders große Veränderung. Quantenteilchen kann man voneinander trennen und sie können über größte Distanzen weiterhin miteinander kommunizieren. Diese kennen keine Zeit! Quantenteilchen der Vergangenheit können mit Teilchen der Zukunft kommunizieren und andersherum.

Damit erreichen wir die dritte Ebene: die Stringtheorie. Diese Annahme besagt, dass alle Elementarteilchen nicht als feste Punkte existieren, sondern als winzige, schwingende Fäden, sogenannte Strings. Je nach ihrer Schwingungsfrequenz und Anordnung entstehen verschiedene Teilchen wie Atome, Protonen, Elektronen oder Quarks. Laut der Stringtheorie sind diese schwingenden Fäden der ursprüngliche Baustoff des Universums. Alles, was existiert, ist letztlich aus dieser Ur-Schwingung, aus diesen elementaren Strings hervorgegangen und entwickelt sich weiterhin daraus.

Noch einmal in anderen Worten: Alles im Universum besteht aus demselben Grundstoff, wobei sich lediglich die Schwingungen unterscheiden. Auch wir bestehen aus diesen „Strings" und je nach Frequenz, die wir aussenden, gestaltet sich unser Leben entweder harmonischer oder konfliktreicher. Um diese Theorie mathematisch und inhaltlich zu untermauern, ist es notwendig, eine bestimmte Anzahl von Dimensionen einzuführen.

Die dafür erforderlichen Berechnungen sind extrem komplex und können nur von einer sehr kleinen Gruppe von Forschern weltweit durchgeführt werden – vielleicht von ein paar Hundert. Doch das ist hier nicht das Entscheidende. Viel wichtiger ist die Notwendigkeit der Einführung zusätzlicher Dimensionen. In der Regel spricht man von 12 bis 24 verschiedenen Strukturen oder Realitäten. Allerdings könnte ich mir eher sieben, neun oder zwölf „vorstellen", da diese Zahlen in alten Schriften immer wieder auftauchen und möglicherweise auf tiefere Zusammenhänge hinweisen.

Auch der menschliche Körper, das Periodensystem der Elemente und vieles andere in unserer Welt scheinen auf der Grundlage oder im Verhältnis zur sogenannten „göttlichen Zahl Sieben" aufgebaut zu sein. Es wäre auch möglich, dass 33 Dimensionen relevant sind, da diese Zahl in verschiedenen mystischen und spirituellen Traditionen eine besondere Bedeutung hat.

Wenn Sie eine Kerze zwischen zwei halbdurchlässige Spiegel stellen, also die reflektierenden Seiten der Spiegel zur Kerze hin ausrichten und dann durch die durchsichtigen Flächen hindurchsehen, erblicken Sie das Spiegelbild der Kerze – und dann das Spiegelbild dieses Spiegelbildes – immer wieder, wie in einem endlosen Spiel von Reflexionen. Es ist ähnlich wie in einem Spiegelkabinett, nur steht die Kerze in der Mitte und der Blick erfolgt von außen. Interessanterweise lassen sich die Spiegelungen mit bloßem Auge nur etwa neun Mal erkennen. Dies verdeutlicht, wie begrenzt unser Sehvermögen ist, noch bevor das komplexe System des Gehirns überhaupt berücksichtigt wird – ein Thema, das in diesem Band nicht weiter behandelt wird.

Im Grunde ist es nicht entscheidend, wie viele Dimensionen tatsächlich existieren. Aktuell sind wir ohnehin nur in der Lage, uns vier Dimensionen vorzustellen oder wahrzunehmen: drei für den Raum und eine für die Zeit. Die ersten drei Dimensionen betreffen die räumliche Ausdehnung. Vielleicht erinnern Sie sich noch an das kartesische Koordinatensystem aus der Schulzeit: Es gibt eine X-Achse und eine Y-Achse, auf denen wir zweidimensional einen Punkt eintragen können. Fügt man eine Z-Achse hinzu, entsteht ein dreidimensionaler Raum.

Die vierte Dimension, die wir als Zeit wahrnehmen, ist essenziell, um Abläufe zu verstehen und Handlungen auszuführen. Allerdings verläuft diese Dimension vermutlich nicht linear, sondern eher in Sphären oder Spiralen. Auf ihre Bedeutung und Struktur werden wir in einem späteren Kapitel noch näher eingehen.

Fakt ist, dass wir uns schon zwei oder drei zusätzliche Dimensionen kaum vorstellen können, geschweige denn 20 oder mehr. Da unser

Vorstellungsvermögen hier an seine Grenzen stößt, wäre es wenig sinnvoll, sich darüber den Kopf zu zerbrechen. Dennoch kann es erstrebenswert sein, sich dieser Tatsache bewusst zu werden. Vielleicht haben manche Menschen Zugang zu diesen Realitäten, was möglicherweise die Legenden von Kobolden, Elfen, Feen, Einhörnern, Gnomen, Trollen, Zwergen, Geistern, Engeln und anderen Wesen erklärt.

Um sich tiefer mit der Stringtheorie zu beschäftigen, empfehle ich Ihnen den Film „*What the Bleep Do We Know!?* ". In dieser Dokumentation wird die Stringtheorie anschaulich erklärt und grafisch gut aufbereitet. Natürlich sollten wir nicht erwarten, das Thema vollständig zu verstehen. Dennoch ist es wichtig, sich dieser Fakten bewusst zu werden, um die Scheinwelt um uns herum besser erkennen zu können.

Ein faszinierender Versuch in der Physik, das Doppelspaltexperiment, untersucht das Verhalten von Licht. Es lohnt sich, dazu ein Video auf YouTube anzusehen oder sich kurz darüber einzulesen. Da es sich bei diesem Band um ein Arbeitsbuch handelt, das Sie erworben haben, sind eventuell anspruchsvollere Passagen zu erwarten – also selbst schuld, wenn es etwas komplex wird! Ein bisschen Spaß soll jedoch helfen, das Thema leichter verdaulich zu gestalten. Hoffentlich verzeihen Sie das.

Leider können in diesem Buch keine Bildmaterialien zur Verfügung gestellt werden, da die entsprechenden Rechte fehlen. Auch ist es momentan, vor allem aufgrund von Corona, nicht möglich, weltweit selbst Fotos aufzunehmen. Das Ziel bleibt jedoch, die Inhalte so anschaulich, interessant und spannend wie möglich zu präsentieren. Im Anhang finden Sie entsprechende Empfehlungen, die Ihnen weiterführende Informationen zu den angesprochenen Themen bieten.

Zurück zum Doppelspaltexperiment: Hierbei wird Licht durch zwei Spalte geleitet, was auf einem Hintergrund, wie beispielsweise einer Wand, ein immer gleiches Muster erzeugt. Wenn man jedoch die einzelnen Photonen betrachtet und diese über einen längeren Zeitraum beobachtet, können Wissenschaftler feststellen, dass jedes Photon

15

sich völlig zufällig verhält und scheinbar willkürlich auf die Wand trifft. Doch in der Summe ergibt sich am Ende stets das gleiche Muster! Das bedeutet, dass Licht, wenn es einzeln betrachtet wird, sich wie ein Teilchen verhält und wir es auch so wahrnehmen können. Betrachtet man es hingegen als Ganzes, verhält es sich wie eine Welle. Dadurch zeigt sich, dass Licht sowohl eine Welle als auch eine Ansammlung von Teilchen ist – und der Beobachter entscheidet, in welchem Zustand es erscheinen soll.

Das Photon selbst, sobald es ausgesendet wird, bewegt sich unendlich durch den Raum, bis es auf ein Hindernis trifft. Bei diesem Kontakt wird es entweder umgewandelt, absorbiert oder reflektiert. Diese Fortbewegung entsteht durch die ständige Wechselwirkung des Photons, bei der es zwischen elektrischen und magnetischen Feldern hin und her schwingt. Dieser Wechsel verläuft kontinuierlich von elektrisch zu magnetisch und wieder zurück, ähnlich einem gleichmäßigen Hin und Her. Man könnte es mit dem Rudern in einem Kanu oder dem Lesen eines Buches vergleichen – ein ständiger Wechsel von einer Seite zur anderen. Durch diese Bewegung kann sich das Photon durch den gesamten, gegenwärtig als unbegrenzt angenommenen, Raum des Universums fortbewegen.

Durch den Doppelspaltversuch erkennen wir, dass es letztlich am Betrachter liegt, ob wir das Licht als einzelnes Teilchen, also als Photon oder als gesamte Welle wahrnehmen. Stellen Sie sich die Ausbreitung dabei so vor, als würden Sie einen Stein ins Wasser werfen, wodurch Wellen entstehen – nur eben in alle Richtungen, nicht nur flach, sondern auch in die Tiefe und Höhe.

Dieses Prinzip ähnelt dem Gedankenexperiment von Schrödingers Katze. Keine Sorge, hier werden keine echten Katzen in Kisten gesperrt, obwohl Katzen Kartons bekanntlich lieben. Bei diesem Versuch wird theoretisch eine Katze mit einer Giftampulle in eine geschlossene Kiste gesetzt. Wenn die Box geschüttelt wird, könnte die Ampulle zerbrechen und das Tier dadurch sterben – oder eben nicht. Solange die Kiste jedoch geschlossen bleibt, befindet sich das Lebewesen in einem Zustand der Überlagerung: es ist im gleichen Augenblick tot und lebendig. Erst durch das Öffnen der Box und dem Hineinsehen wird einer dieser Zustände Realität und manifestiert sich dem Betrachter.

Zusammenfassend lässt sich am Ende des Kapitels sagen, dass wir als Beobachter das Ergebnis durch die Wahl des Messgeräts entscheidend beeinflussen. Dabei sollte auch stets die Absicht oder das eigentliche Ziel des Wissenschaftlers berücksichtigt werden, da dieser bestrebt ist, seine These entweder zu bestätigen oder zu widerlegen. Infolgedessen ist eine reine, neutrale, unabhängige und unvoreingenommene Sichtweise von wissenschaftlicher Seite aus meines Erachtens leider oft nicht gegeben. Hier wird deutlich, wie stark eingeschränkt unser Wahrnehmungshorizont ist und dass uns das Wesen der Illusion erneut einen Streich spielt, indem es unseren Radarschirm massiv täuscht.

Betrachten wir zum Beispiel einen Eisberg. Etwa 90 % seiner Masse liegen unter der Wasseroberfläche, sodass wir nur einen Bruchteil davon sehen, der darüber hinausragt. Schon das Durchdringen der Schneeschicht oder jeder einzelnen Schneeflocke auf der sichtbaren Spitze wäre eine Herausforderung – ganz zu schweigen von dem Teil, der unter der Schneedecke verborgen liegt. Und das ohne die Tiefen zu berücksichtigen, die sich unter Wasser erstrecken. Wenn wir uns bewusst machen, wie wenig wir tatsächlich wissen, kann dies in uns die Bereitschaft wecken, ständig Neues zu lernen.

Haben Sie schon einmal von der Fibonacci-Folge gehört? Diese numerische Sequenz ist nach einem der bedeutendsten Mathematiker des Mittelalters benannt: Leonardo da Pisa, besser bekannt als Fibonacci. Im Jahr 1202 beschrieb er mithilfe dieser Folge das Wachstum von Kaninchenpopulationen. Die zugrunde liegende Idee ist dabei erstaunlich einfach: Man beginnt mit den Zahlen Null und Eins und addiert anschließend immer die beiden letzten Zahlen, um die nächste Zahl in der Folge zu erhalten.

0 + 1 = 1, 1 + 1 = 2, 1 + 2 = 3, 2 + 3 = 5, 3 + 5 = 8, usw.

Die Serie sieht dann wie folgt aus:
0,1,2,3,5,8,13,21,34,55,89,144,233...

Die Fibonacci-Zahlen haben über die Jahrhunderte hinweg viele mathematische Untersuchungen inspiriert. Johannes Kepler stellte damals fest, dass sich der Quotient zweier aufeinanderfolgender Fibonacci-Zahlen dem Goldenen Schnitt annähert – ein Verhältnis, das Menschen als besonders harmonisch und ausgewogen empfinden. Warum dies so ist, bleibt bis heute rätselhaft. Leonardo da Vinci nutzte diese Proportionen in Werken wie der Mona Lisa oder dem letzten Abendmahl. Auch der menschliche Körper und seine Knochen sind nach dem Verhältnis des Goldenen Schnitts angeordnet. Darüber hinaus sind einige Pyramiden und viele andere Bauwerke exakt entlang der Linien dieses Schnitts oder nach Fibonacci-Spiralen erbaut.

Es gibt dabei männliche und weibliche Formen. Die männlichen Formen sind im rechten Winkel, entsprechend den Fibonacci-Zahlen, angeordnet, während die weiblichen Formen kreisende Spiralen bilden. Diese Spiralen lassen sich leicht finden, wenn man den Begriff „Goldener Schnitt" in eine Suchmaschine eingibt. Viele Anordnungen in der Umwelt folgen oft diesen weiblichen Windungen. Vielleicht trägt die Natur in unserer Sprache daher auch einen femininen Artikel. Schauen Sie sich dazu gerne alte Fossilien, Blütenstände, Schneckenhäuser, Tannenzapfen, das Pflanzenwachstum und vieles mehr an.

Auch Thoth, der Atlanter, beschreibt in seinen Smaragdtafeln die Vorteile, sich in Zeiten der Verfolgung durch bestimmte „Wesen" auf den weiblichen Spiralen zu bewegen. Diese Spiralen verlaufen kreisend, während sich die anderen „Entitäten" auf geraden Linien fortbewegen und dabei stets im rechten Winkel abbiegen. Dadurch verringert sich die Wahrscheinlichkeit, dass sich Ihre Wege mit denen dieser „Entitäten" kreuzen, was die Häufigkeit von Begegnungen auf ein Minimum reduziert.

Lesen Sie diese Schrifttafeln selbst und lassen Sie sie auf sich wirken. Es wird behauptet, dass sie etwa 36.000 Jahre vor Christus verfasst wurden. Diese Tafeln sollen aus echtem Smaragd bestehen – einer Substanz, die gegen Verwitterung relativ unempfindlich ist. Auch wenn wir heute in der Lage sind, dieses Material synthetisch herzustellen, bleibt die Frage offen, wie es den Menschen damals unter den angeblich bescheidenen Bedingungen gelang, diese Tafeln aus echtem Smaragd zu fertigen. Dies wirkt aus unserer heutigen Sicht äußerst beeindruckend.

Aber lassen wir diesen Exkurs zu Zahlen und schwer vorstellbarer Physik an dieser Stelle enden und kehren dankend zum eigentlichen Thema zurück. Wie wir festgestellt haben, können unsere Augen nicht das gesamte Lichtspektrum erfassen und unsere Ohren sind ebenso wenig in der Lage, die volle Bandbreite des Schalls zu hören. Darüber hinaus ist unser Gehirn schlichtweg nicht im Stande, die zuvor erwähnten Dimensionen auch nur ansatzweise zu begreifen oder sich vorzustellen. Versuchen Sie doch einmal, die fünfte Dimension zu beschreiben! Oder die sechste. Egal, welche Sie wählen, es scheint, als würden wir an eine unüberwindbare geistige Barriere stoßen. Vielleicht geht es aber nur mir so.

Wir haben jedoch erkannt, dass unsere Kognition und unser aktuelles Bewusstsein stark begrenzt sind. Ist es da verwunderlich, dass unser Handeln und unser Wirken möglicherweise ebenso von Kurzsichtigkeit und Beschränkungen geprägt sind?

Kapitel 3: Vom Wesen der Geologie

Um einen Schritt weg von der Physik zu machen, wenden wir uns jetzt der Geologie zu. Vielleicht denken Sie: "Verdammt, schon wieder Wissenschaft!" und dafür entschuldige ich mich aufrichtig. Aber dies ist notwendig, um weiterführende Schlussfolgerungen für unsere Betrachtungsweise und unser Bewusstsein ziehen zu können. In der Bibel steht, dass die Erde am Anfang wüst und karg war. Und bevor das Wort entstand, war der Logos – also der Geist – bereits vorhanden. Dass alles zunächst im Geiste existieren muss, bevor es sich in der dritten Dimension manifestiert, werde ich später noch genauer erläutern. Ebenso ist auch dieses Buch zuerst meinem Geist entsprungen, bevor es in die physische Form gebracht wurde.

Einige Menschen glauben, dass die Erde vor etwa 5000 Jahren erschaffen wurde und das Leben sich seitdem entwickelt hat. Andere sind überzeugt, dass mindestens fünf hochtechnologisierte Zivilisationen den Planeten einst bewohnten, allerdings auf eine andere Weise als wir es heute tun. Das Ausmaß der Umweltverschmutzung lässt darauf schließen, wie sehr diese Zivilisationen im Einklang mit der Erde oder Gaia, lebten. Je mehr Müll und Abfall wir aus vergangenen Zeiten finden, desto „unausgeglichener" müssen diese Kulturen wohl gewesen sein.

Eine Kultur, die im vollkommenen Einklang mit der Natur lebt, würde keinen Abfall hinterlassen, sondern alles vollständig verwerten und recyceln. Auch eine dermaßen starke Luft- und Wasserverschmutzung wäre ihnen fremd. Eine solche Zivilisation würde daher kaum Spuren hinterlassen, die auf ihre vergangene Existenz hinweisen.

Im Gegensatz dazu würde unsere heutige Lebensweise nachfolgenden Generationen riesige Müllberge hinterlassen. Oder existieren solche Müllberge vielleicht bereits und sind nur gut getarnt – manchmal explodieren sie oder „rauchen" sogar? Das Einzige, was von früheren Zivilisationen übrig bleiben könnte, wären ihre Bauwerke, Tempelanlagen oder Skulpturen. Es wird angenommen, dass die Pyramiden und ähnliche Strukturen von den Pharaonen und Ägyptern vor etwa 3000 Jahren v. Chr. errichtet wurden. Ebenso wird behauptet, dass die Tempelanlagen der Inkas und Mayas von diesen Völkern erbaut wurden. Doch was, wenn diese Monumente schon vor deren Zeit existierten?

Die Radiokarbonmethode wird verwendet, um das Alter von Fundstücken zu bestimmen. Allerdings ist sie nicht 100 % genau und kann nur in einem zeitlichen Bereich von etwa 300 bis 60.000 Jahren angewendet werden. Ein weiteres Problem besteht darin, dass Historiker nicht sicher sagen können, welche Ablagerungen sich im Laufe der Zeit zusätzlich auf den Gegenständen oder Fundstücken abgesetzt oder gebildet haben.

Da diese Methode nur bei abgestorbenen organischen Materialien funktioniert, wird das Alter von Bauwerken häufig durch die Datierung der in oder um sie gefundenen organischen Überreste bestimmt. Es ist jedoch möglich, dass diese Überreste von späteren Kulturen stammen, die lange nach der Errichtung der Strukturen dort lebten. Daher müssen wir in Betracht ziehen, dass diese Konstruktionen deutlich älter sein könnten als 10.000 Jahre, vielleicht sogar älter als 100.000 Jahre oder noch weit darüber hinaus.

Auch der Große Sphinx von Gizeh zeigt deutliche Spuren von Erosion, die vermutlich durch tausende Tage ununterbrochener Niederschläge bzw. ein oder mehrere Überschwemmungen verursacht wurden. Da es in Ägypten jedoch sehr selten regnet – nämlich nur etwa viermal im Jahr – müssen wir annehmen, dass der Sphinx bereits vor der großen Flut existierte. Außerdem ist der Kopf des Sphinx im Verhältnis zu seinem Körper auffällig klein, was darauf hindeutet, dass dieser möglicherweise nachträglich verändert wurde.

Es wird ebenfalls behauptet, dass sich unter der rechten Pranke des Sphinx ein Eingang zu den sogenannten Hallen von Amenti befindet. Diese Hallen werden in verschiedenen Quellen erwähnt, einschließlich der Smaragdtafeln von Thoth, dem Atlanter. Wer mehr darüber erfahren möchte, findet hierzu umfangreiche weiterführende Literatur.

Ein weiteres Thema, das im Zusammenhang mit der Betrachtung vergangener Lebensformen beleuchtet werden sollte, ist die Biosphäre. Dieser Begriff beschreibt den Bereich der Atmosphäre, der von Lebewesen bewohnt ist und in dem sie sich entwickeln können. Die Ausdehnung der Biosphäre spielt dabei eine entscheidende Rolle für das Größenwachstum der darin lebenden Organismen. Wenn diese Umwelt durch Einflüsse wie nukleare Waffen, Sonneneruptionen, künstliche oder natürliche Katastrophen verändert wurde, mussten sich die Lebewesen zwangsläufig an die neuen Bedingungen adaptieren, was zu Mutationen, Aussterben oder anderen „Anpassungsreaktionen" führen konnte.

Es ist denkbar, dass unsere Biosphäre in der Vergangenheit viel „höher" war, was auch dazu führte, dass Bäume und andere Lebewesen wesentlich größere Ausmaße hatten. Kennen Sie den Film *„Avatar"*? Die dort dargestellten Pflanzen und Kreaturen wirken im Vergleich zu dem, was einst auf unserer Erde existiert haben könnte, geradezu bescheiden. Vor diesem Hintergrund erscheint es durchaus möglich, dass die damaligen Verhältnisse in ganz anderen Dimensionen lagen als die, die wir heute kennen.

Unser Wissen über das Zeitalter der Dinosaurier ist recht begrenzt. Alles, was wir heute öffentlich zur Verfügung haben, sind Skelettfunde, auf deren Basis Hypothesen aufgestellt wurden, die dann als wissenschaftliche Fakten präsentiert werden. Man geht beispielsweise davon aus, dass Dinosaurier Schuppen oder ähnliche Hautbedeckungen hatten. Es ist jedoch ebenso möglich, dass sie Federn trugen, die in den schillerndsten Farben leuchteten. Doch wie sollen Archäologen das heute nur anhand von Knochenfunden beweisen?

Es existieren Fußabdrücke, die sorgfältig „behütet" werden, auf denen sowohl Dinosaurier- als auch Menschenspuren nebeneinander zu sehen sind. Interessanterweise sind die menschlichen Fußspuren dort nicht so klein wie unsere heutigen. Sie sollen eine Länge von bis zu 1,3 Metern aufweisen. Daraus ergibt sich die gewagte Vermutung, dass Dinosaurier und der sogenannte Urmensch gleichzeitig oder zumindest in zeitlicher Nähe zueinander gelebt haben könnten. Wenn dem so war, müssen die Menschen damals ebenfalls viel, viel größer gewesen sein.

Ein eindrucksvolles Beispiel sind die Fußabdrücke von Jejak Tapak Kaki, die sogar noch weit über 1,3 Meter hinausreichen. Schauen Sie sich diese einmal an und bilden Sie sich Ihre eigene Meinung!

Was würden Sie tun, wenn Sie damals von einem 5 Meter großen Tyrannosaurus Rex angegriffen worden wären? Wahrscheinlich hätten Sie einfach den Fuß gehoben und die süße kleine Echse weggekickt. Die beeindruckende Innenraumhöhe vieler antiker Bauwerke, die oft mindestens 4 bis 5 Meter misst, könnte ein Hinweis darauf sein, dass die damalige Bevölkerung oder ihre Anführer tatsächlich größer waren.

Betrachten wir zum Beispiel den großen Tempel Ramses II. in Abu Simbel. Dort sind vier gewaltige Statuen in den Fels gehauen, neben denen „normale" Menschen dargestellt sind, die den sitzenden Pharaonen gerade einmal bis zu den Knien reichen. Solche Darstellungen finden sich in vielen Kulturen, bei denen Könige oder Götter auf Thronen abgebildet sind, während die daneben stehenden Menschen im Vergleich dazu winzig wirken. Ein weiteres Beispiel ist die Darstellung des sumerischen Gottes Enki, auf den später noch eingegangen wird. Auch er sitzt auf einem Thron, während neben ihm drei Menschen abgebildet sind, die ihm nur bis zum Kopf reichen. Stünde er auf, würde er diese Leute bei weitem überragen.

Falls Sie ein kleines Kind haben, setzen Sie sich doch einmal vor es hin und stehen dann auf. So können Sie den Größenunterschied selbst anschaulich nachempfinden.

Nun werden die Experten sicherlich darauf hinweisen, dass die Größe und Erhabenheit dieser Figuren dazu diente, ihre Heiligkeit oder Göttlichkeit auszudrücken. Für die Völker jener Zeit waren diese Gestalten wahrscheinlich auch Götter oder gottgleich. Aber könnte es nicht auch sein, dass sie tatsächlich diese beeindruckenden Ausmaße hatten?

Es ist durchaus möglich, dass Figuren wie Gilgamesch, Herkules, Perseus und viele andere nicht nur in ihrer Bedeutung, sondern auch in ihrer physischen Statur größer und entsprechend stärker waren. Erinnern Sie sich an die Geschichte von David und Goliath? Oder an die Worte aus der Bibel: *„Wir gehen nicht auf die Kanaan Höhen, dort leben die Riesen.“* Und weiter heißt es: *„Wir wandelten durch die Steppe und kamen uns vor wie Heuschrecken.“*

LUTHERBIBEL 1984 31 ABER DIE MÄNNER, DIE MIT IHM HINAUFGEZOGEN WAREN, SPRACHEN: WIR VERMÖGEN NICHT HINAUFZUZIEHEN GEGEN DIES VOLK, DENN SIE SIND UNS ZU STARK. 32 UND SIE BRACHTEN ÜBER DAS LAND, DAS SIE ERKUNDET HATTEN, EIN BÖSES GERÜCHT AUF UNTER DEN ISRAELITEN UND SPRACHEN: DAS LAND, DURCH DAS WIR GEGANGEN SIND, UM ES ZU ERKUNDEN, FRISST SEINE BEWOHNER UND ALLES VOLK, DAS WIR DARIN SAHEN, SIND LEUTE VON GROSSER LÄNGE. 33 WIR SAHEN DORT AUCH RIESEN, ANAKS SÖHNE AUS DEM GESCHLECHT DER RIESEN, UND WIR WAREN IN UNSERN AUGEN WIE HEUSCHRECKEN UND WAREN ES AUCH IN IHREN AUGEN.

Bei der Beschäftigung mit der Blume des Lebens und der Quadratur des Kreises kam ich auf folgende Aussagen. Hier aber vorerst einige Ausführungen zur Blume des Lebens. Diese setzt sich aus 7 Kreisen zusammen. Dabei wird an jedem Schnittpunkt, mit dem gleichen Radius eines Zirkels, wiederum ein Kreis gezeichnet. Insgesamt bilden sieben Kreise dieses besondere Ornament. Hoppla, da ist ja wieder die Sieben! Wenn wir uns diese Kreise nun aber als Kugeln vorstellen und bedenken, dass die Kugel die energiesparendste Form im Universum ist. So könnten wir zu dem Schluss kommen, dass die Blume des Lebens die Grundlage für die Hervorbringung der Dimensionen war. Warum?

Wenn Gott oder der Urschöpfer als erstes und einziges Wesen im Universum existiert und nur vom „Nichts“ umgeben ist, schafft er seinen eigenen Raum, indem er in alle Richtungen denselben Radius ausdehnt. So entsteht in jede Richtung – nach vorne, nach hinten, nach oben und nach unten – ein gleichmäßiger, symmetrischer Lebensraum. Dies bildet die erste Kugel oder den ersten Kreis in der sogenannten Blume des Lebens.

Nachdem er den von ihm geschaffenen Raum gründlich von innen betrachtet hat, wendet er sich schließlich der äußeren Hülle dieser

Kugel zu. Da auch sie vom Nichts umgeben ist, wird es notwendig, eine zweite Kugel mit demselben Radius zu erschaffen. Diese beiden Kugeln überschneiden sich und bilden zwei sich überlagernde Räume oder Dimensionen. Durch den identischen Radius entsteht an den Schnittpunkten dieser beiden Kugeln eine Symmetrie. An diesen Kreuzungen werden nun immer wieder neue Kugeln integriert. Dieser fortlaufende Prozess führt schließlich zur Bildung eines Musters aus sieben sich überschneidenden Kreisen. So entsteht die Blume des Lebens – ein sich stetig vergrößerndes, symmetrisches Design aus ineinandergreifenden Kreisen oder Sphären.

In diesem Zusammenhang wird häufig von der Heiligen Geometrie gesprochen. Man kann die Schnittpunkte der Blume des Lebens miteinander verbinden und darin alle fünf platonischen Körper finden oder platzieren. Diese Körper umfassen den Sterntetraeder (auch bekannt als „Davidstern", den ich jedoch lieber als Merkaba bezeichne), den Hexaeder (Würfel), den Oktaeder (Doppelpyramide), den Ikosaeder (20-Flächen-Körper) und den Dodekaeder (12-Flächen-Körper).

Die Blume des Lebens soll angeblich fünf Bewusstseinsstufen darstellen, die jeweils mit einer bestimmten Körpergröße des Menschen korrespondieren. Auf der ersten Stufe befinden sich die Urvölker der Erde, welche von fortschrittlicheren Nationen oft als primitiv betrachtet werden, obwohl sie in völliger Harmonie mit ihrer Umgebung leben und eine Körpergröße von bis zu 1,5 Metern erreichen. Die zweite Stufe repräsentiert den modernen Menschen, der bis zu 2 Meter groß wird. Auf der dritten Stufe erreichen die Menschen ein Format von bis zu 4 Metern, auf der vierten bis zu 16 und auf der fünften Stufe sogar beeindruckende 52 Meter. Stellen Sie sich das einmal vor! Fügen Sie nun die entsprechend gigantischen Bäume in diese Landschaft ein.

Natürlich gibt es, wie auch heute, je nach Geschlecht oder Ethnie geringfügige Unterschiede in der Körperstatur. Daher bitte ich darum, mich nicht auf die exakten Maße festzulegen.

Es gibt immer wieder Berichte und Bilder, die Ausgrabungen zeigen, bei denen solche gigantischen Gattungen gefunden wurden. Besonders beeindruckend ist es, wenn der kniende Archäologe neben dem Schädel eines ausgegrabenen Wesens fast winzig erscheint, weil der Kopf des Wesens größer ist als der ganze Körper des Archäologen. Es soll sogar Funde von Kreaturen mit nur einem Auge und scharfen Zähnen geben – vielleicht die Zyklopen aus der Odyssee? Gibt es nicht auch eine Legende, dass Großbritannien einst von Riesen bewohnt war? Jede Legende hat doch ihre Essenz, oder?

Beim Anbau von Bonsai-Bäumen wird die Umgebung des Baumes gezielt beeinflusst, um seine Größe und Form zu steuern. Durch regelmäßiges Beschneiden der Wurzeln und Zweige sowie durch kontrollierte Bewässerung und Nährstoffzufuhr im begrenzten Wurzelraum bleibt der Baum klein und wächst dennoch gesund und vital. Ähnlich könnte auch auf unserer Erde etwas Vergleichbares geschehen sein. Es ist denkbar, dass mächtige Einwirkungen – nennen wir sie „Bomben" – die Landschaft unserer Erde dramatisch verändert haben.

Die Dimensionen dieser Waffen übersteigen das, was wir mit unserer gegenwärtigen Technologie begreifen können. Vielleicht waren sie vergleichbar mit modernen Wasserstoffbomben, die eine ungeheure Zerstörungskraft besitzen. Da die Erde heute wieder von einer prächtigen Vegetation überzogen ist, könnten die Einschlagkrater solchen Explosivmaterials aus der Perspektive des Bodens und sogar aus der Luft nur schwer zu erkennen sein. Die Natur hat bekanntlich eine erstaunliche Fähigkeit zur „Rückeroberung" und könnte viele dieser Spuren über die Jahrtausende hinweg verwischt haben.

Um das Ausmaß solcher möglichen Zerstörungen zu verstehen, werfen Sie doch einmal einen Blick auf bekannte Wüstenregionen wie in Arizona, Nord- und Südafrika, Ägypten, Kasachstan, Australien oder der Mongolei. Was hat dort – im wahrsten Sinne des Wortes – solche Verwüstungen angerichtet, dass selbst die Natur es bis heute nicht geschafft hat, diese Regionen wieder mit üppiger, grüner Vegetation zu überziehen? Könnten es einstige Einschläge gigantischer Bomben oder Meteoriten gewesen sein, die diese Wüstenlandschaften geschaffen haben? Oder handelt es sich vielleicht um die Überreste alter Tagebaue oder Steinbrüche, in denen möglicherweise alles Leben, einschließlich der mikroskopisch kleinen Bakterien, achtlos abgetragen wurde? Es könnte auch sein, dass diese Bereiche so stark bearbeitet wurden, dass eine weitere Erschließung oder Erforschung nicht mehr möglich war. Die Antworten auf diese Fragen bleiben spekulativ, doch die Spuren in diesen Landschaften regen zum Nachdenken an.

Auf dem Mond sieht die Situation jedoch anders aus. Er weist keine Vegetation auf und könnte möglicherweise künstlichen Ursprungs sein. Berichten zufolge kamen die Astronauten, die dort angeblich gelandet sind, sehr bestürzt zurück. Sie sollen geäußert haben, dass der Mond beim Fallenlassen von Gegenständen hohl klang und dass sie Raumfahrzeuge gesehen hätten, die definitiv nicht irdischen Ursprungs waren und von gigantischem Ausmaß obendrein. Dies sind jedoch nur einige Randbemerkungen. Machen Sie sich bitte selbst ein Bild und hören Sie vor allem auf Ihr Gefühl. In der heutigen Zeit ist das Vertrauen in die eigene Intuition besonders wichtig.

Zurück zum Mond: Er weist zahlreiche Krater auf, deren Radien sich auffällig ähneln. Da er angeblich keine Atmosphäre besitzt, verglühen Kometen und Meteoriten vor ihrem Aufprall auf die Mondoberfläche nicht. Daher ist es nachvollziehbar, dass Einschlagkrater auf dem Mond häufiger vorkommen als auf der Erde. Interessanterweise zeigen diese Krater jedoch nur drei verschiedene Größen und sind sehr gleichartig, was darauf hindeutet, dass es sich möglicherweise nicht nur um zufällige Kometeneinschläge handelt.

Merkwürdigerweise – also erneut des Merkens würdig – weisen viele dieser Krater auffällige Erhebungen auf, die durch einen Sog entstanden sein könnten. Solche Erhebungen bilden sich typischerweise, wenn eine atomare Explosion stattfindet. Der charakteristische Atompilz, der in die Atmosphäre schießt, erzeugt am Boden einen Unterdruck, der Staub und Schutt anzieht und zu einem Hügel formt. Die Ausprägung dieser Hügel und das Ausmaß der Krater hängen stark von der Höhe und der Explosionskraft der jeweiligen Detonation ab.

Die Dimensionen der Krater und die Form der Erhebungen auf dem Mond lassen dort auf ähnliche Phänomene schließen. Es ist faszinierend, dass manche Krater auf der Erde, etwa in Ägypten, ähnliche Merkmale aufweisen, die aufgrund des spärlichen Pflanzenbewuchses noch gut sichtbar sind. Dies deutet eventuell auf einen vergleichbaren Ursprung hin, sei es durch natürliche Einschläge oder andere, weniger zufällige Ereignisse.

Ein weiteres Indiz sind kleinere Pyramiden, deren Spitzen oft schwarze Spuren wie von Verbrennungen aufweisen. Diese Spitzen sind nicht selten abgeschlagen oder abgebrochen, als hätte eine mächtige Druckwelle sie getroffen. Die Krater, über die wir sprechen, haben Ausmaße von 2 bis 15 Kilometern. Manchmal bauen die Ägypter sogar neue, hübsche Pyramiden für Touristen vor die beschädigten, um den Anblick zu verdecken.

Auch hierzu gibt es interessantes Bildmaterial. Stöbern Sie mal ein bisschen – Sie werden schon das Richtige finden. Doch damit nicht genug: Wir werden später noch auf unseren Erdtrabanten zu sprechen kommen, also bleiben Sie gespannt.

Wie wir sehen konnten, weisen der Mond, die Erde, die Pyramiden und auch die Bäume, auf die ich gleich noch eingehen werde, Spuren starker äußerer Einflüsse auf. Ein weiteres Indiz dafür findet sich in den Wüsten Ägyptens und Libyens, wo man zu Glas verschmolzene Klumpen entdeckt hat, die nur durch extrem heiße Temperaturen entstanden sein können. Um Quarzsand in Glas umzuwandeln, reichen Temperaturen von hundert Grad bei weitem nicht aus. Ein bekanntes Beispiel dafür ist das sogenannte Libysche Wüstenglas (Libyan Desert Glass, LDG). Diese amorphen Quarzgläser werden im Südwesten des Großen Sandmeers gefunden, das sich von Libyen bis nach Ägypten erstreckt.

In der Physik und Chemie bezeichnet man als amorph Stoffe, bei denen die Atome keine geordnete Struktur bilden, sondern ein unregelmäßiges Muster aufweisen. Man geht davon aus, dass dieses Glas mit hoher Wahrscheinlichkeit durch den Einschlag eines Meteoriten entstanden ist, der vor etwa 28 bis 30 Millionen Jahren in Nordafrika niedergegangen sein soll. Durch den enormen Druck und die Hitze könnte der damalige oberflächliche Sandstein aufgeschmolzen und die flüssige Masse weggeschleudert worden sein. Bei einer raschen Abkühlung während des Fluges könnte das Glas entstanden sein. Ein Einschlagkrater wurde bisher jedoch nicht gefunden.

Ein möglicher Grund hierfür wäre, dass die Explosion bereits in der Atmosphäre stattfand, wodurch das Glas durch die Wucht der Detonation über große Entfernungen verstreut wurde, ohne einen Krater zu hinterlassen. Interessanterweise nutzen die Nomaden dieses Material als Werkzeug oder zur Ergänzung ihrer Werkzeuge.

Was jedoch noch imposanter sein sollte, ist die Tatsache, dass sich auch Naturmaterialien wie Holz durch extreme Hitze in Stein oder Glas verwandeln können. Betrachten Sie zum Beispiel Bilder vom Devil's Rock in den USA oder vom Monument Valley. Oder fragen Sie sich, wie der Grand Canyon entstanden ist. In vielen Küstengebieten gibt es Felsformationen, die an Wurzelverflechtungen erinnern. Diese Orte sind oft beliebte Touristenziele. Doch ich bin mir nicht sicher, ob den Besuchern bewusst ist, an welch bedeutenden Plätzen sie sich tatsächlich befinden.

Stellen Sie sich vor, eine extreme Hitzewelle, egal welcher Ursache, würde augenblicklich allen Sauerstoff in der Umgebung aufbrauchen. Während sich die Druckwelle weiter ausbreitet, kann kein Sauerstoff nachströmen. Sobald die Druckwelle nachlässt, strömt dieser schlagartig zurück, was eine sofortige Verwandlung des Holzes in Stein oder Glas bewirken könnte. Dasselbe könnte auch bei Pilzen geschehen sein. Schauen Sie sich hierzu einige Bilder von versteinerten Pilzen an – und ich meine nicht Steinpilze! Diese versteinerten Gewächse sind oft viel größer als der moderne Mensch, was wiederum auf eine damals höhere Biosphäre hindeuten würde. Man könnte sich perfekt unter ihnen vor der Sonne schützen.

Ein weiteres bemerkenswertes Phänomen sind die runden Strukturen in der Natur, durch die Wingsuit-Gleiter oft hindurchfliegen. Diese runden Steingebilde könnten meiner Meinung nach nur durch ein ähnliches, gewaltiges Ereignis entstanden sein. Es ist möglich, dass sie einst Teil der gigantischen Urbäume waren, deren Wurzeln sich schlagartig versteinert haben. Manchmal führen diese steinigen Formationen auch direkt ins Meer.

Außerdem sieht es beim Devil's Rock so aus, als wäre auch die Rinde des Stammes versteinert worden. Diese bricht gelegentlich ab und fällt dann auf den Boden. Dabei handelt es sich in der Regel um Brocken mit einem Durchmesser von mindestens einem Meter. Wenn die Rinde der damaligen Bäume bereits so dick war, deutet das meiner Meinung nach darauf hin, dass unsere Vegetation einst weitaus vielfältiger und größer war. Irgendwelche drastischen Einflüsse müssen zu diesen massiven Veränderungen geführt haben. Vielleicht war es tatsächlich der Meteorit, der vor etwa 65 Millionen Jahren die Erde traf und diese Veränderungen bewirkte, wie es die aktuelle Lehrmeinung besagt.

Es gibt weltweit Tafelberge, auch Mesas genannt, die durch ihre charakteristische Form auffallen. Sie sind oft länglich-oval im Grundriss und haben sehr steile Berghänge. Das Bemerkenswerteste an ihnen ist jedoch ihre flache, gleichmäßige Gipfelebene, die an die abgesägten Stümpfe von Bäumen erinnert, die man beim Spaziergang durch den Wald sieht. Wo normalerweise der Stamm weiter in die Höhe ragen würde, sind diese Gipfel glatt und waagerecht, als wären sie tatsächlich abgesägt oder „abgelasert" worden. Der Unterschied ist nur, dass die Bäume im Wald im Vergleich zu diesen gigantischen Mesas winzig sind und noch aus Holz bestehen, während die Tafelberge aus Stein sind.

Ein interessantes Beispiel dafür ist der Cedar Mountain in Arizona. Betrachtet man ihn genauer, könnte man meinen, er ähnelt dem gewaltigen Baumstumpf eines längst vergangenen Riesenbaums. Der Name „Zedernberg" scheint dabei kaum zufällig gewählt zu sein. Besonders auffällig ist diese Verbindung zur Zeder, die in verschiedenen Kulturen symbolische Bedeutung trägt. In der Anastasia-Buchreihe wird sie oft als Baum mit tiefer symbolischer und spiritueller Bedeutung beschrieben, was den Gedanken unterstützt, dass der Cedar Mountain einst ein gigantischer Baum gewesen sein könnte. Es ist durchaus denkbar, dass dieser Berg einst tatsächlich eine mächtige

Zeder war und heute nur noch der gewaltige Stamm übrig geblieben ist. Ob der Cedar Mountain seinen Namen aufgrund von heute dort wachsenden kleineren Zedern trägt oder ob diese vielleicht sogar bewusst dort gepflanzt wurden, bleibt offen. Doch die Vorstellung, dass der Berg Überreste eines solchen Giganten sein könnte, ist faszinierend.

Im nächsten Kapitel werden wir uns genauer mit der Methode der Desinformation befassen, bei der etwas Offensichtliches vor unseren Augen verborgen wird. Die Amerikaner sagen dazu: „It is hidden in plain sight", was frei übersetzt bedeutet: „Es ist versteckt, obwohl es klar sichtbar ist." Der beste Platz, um einen Baum zu verstecken, ist im Wald – und so scheint es auch hier zu sein.

Stellen Sie sich vor, dass diese steinernen Strukturen, die ins Meer ragen, tatsächlich Überreste gigantischer Salzwasserbäume waren. Unsere Birken, Kiefern und sogar die riesigen Mammutbäume wären im Vergleich dazu nur kleine Setzlinge oder Ableger. Auf den mächtigen Ästen dieser kolossalen Pflanzen könnten sich sogar Mammutbäume und andere große Gewächse angesiedelt haben. Wir sprechen hier von Holzriesen, die möglicherweise bis zu 5 Kilometer in den Himmel ragten – das ist fünfmal die Höhe des Burj Khalifa! Wenn wir den Durchmesser des Tafelbergs in Kapstadt ins Verhältnis setzen, könnten diese Bäume sogar eine Höhe von bis zu 200 Kilometern erreicht haben. Stellen Sie sich das einmal vor!

Es gibt außerdem ganze Wälder, die im Laufe der Zeit zu Stein geworden sind. Diese werden manchmal auch genau so benannt, wie zum Beispiel der „Petrified Forest" (Versteinerter Wald) in Arizona. Heute betrachten wir solche Orte als geologische Phänomene. Aber was, wenn diese wirklich einmal lebende Pflanzen, Pilze, Spargel oder andere Gewächse waren, für die es heute keine Vergleiche mehr gibt?

In Europa und weltweit existieren kaum noch Bäume, die älter als 200 Jahre alt sind. Wenn solche alten Bäume noch vorhanden sind, werden oft ganze Nationalparks um sie herum eingerichtet, um sie zu schützen. Haben wir wirklich alle Wälder der letzten 300, 3.000 oder sogar 30.000 Jahre abgeholzt und durch neue ersetzt? Oder hat eine Veränderung der Natur dazu geführt, dass diese Wälder verschwunden sind? Vielleicht ist es eine Kombination aus beidem.

Viele Steine, Felsen oder Berge erinnern an Baumrinden oder weisen Einkerbungen auf, die wie Jahresringe aussehen. Ein Skeptiker könnte anmerken, dass diese Strukturen durch Auswaschungen von Wasser entstanden sind. Sicherlich könnte dies zutreffen, aber es könnte auch mehr dahinterstecken. Das Eine schließt das Andere nicht aus – sind vielleicht beide Erklärungen richtig, meine lieben Leserinnen und Leser?

Die aus welchen Gründen auch immer hervorgerufenen klimatischen Veränderungen haben zu einer beachtlichen Veränderung der Biosphäre geführt. Dies resultierte letztlich darin, dass die nachfolgenden Lebensformen kleiner wurden und von „Mutter Natur" an die neuen Umweltbedingungen angepasst wurden. Seitdem haben sich sowohl die Vegetation als auch die Tierwelt und die menschliche Bevölkerung stark verändert – wie wir anhand öffentlicher Knochenfunde deutlich erkennen können.

Am Ende des Buches werde ich Ihnen eine Liste interessanter Sehenswürdigkeiten zur Verfügung stellen, damit Sie sich Ihr eigenes Bild machen und Ihre eigene Meinung bilden können. Doch bevor wir dazu kommen, wenden wir uns dem nächsten Kapitel zu.

Kapitel 4: Vom Wesen der Desinformation

Seit den 1990ern, also seit etwa 30 Jahren, leben wir nicht mehr im Industrie-, sondern im Informationszeitalter. In dieser Epoche sind Informationen von unschätzbarem Wert – sie sind das neue Gold. Apropos Gold: Warum messen wir diesem Metall eigentlich so viel Bedeutung bei? Abgesehen von seiner Verwendung in der Luft- und Raumfahrt, der Elektroindustrie und einigen anderen spezialisierten Bereichen, hat es relativ wenige praktische Anwendungen. Als Edelmetall ist es zudem äußerst reaktionsträge und geht kaum Verbindungen mit anderen Stoffen ein. Warum also schürften unsere Vorfahren es mit solch großem Aufwand, wenn es größtenteils nur als Schmuck oder Dekoration diente?

Um eine zentrale Tatsache zu unterstreichen: Es ist wichtig zu verstehen, dass wir heute einer ständigen Informationsflut ausgesetzt sind. Unsere Bewegungen und Aktivitäten im Netz werden kontinuierlich erfasst, analysiert, bewertet und weiterverkauft, um passgenaue Werbung auf uns abzustimmen. Mit der breiten Verfügbarkeit des Internets sind Informationen für die Massen leichter zugänglich geworden und die Menschen haben viele neue Wege gefunden, sich Wissen anzueignen. In den letzten 30 Jahren, seit das Internet für die breite Öffentlichkeit zugänglich wurde, hat die Menschheit möglicherweise mehr Wissen erlangt als in den rund 550 Jahren seit der Erfindung des Buchdrucks durch Johannes Gutenberg im 15. Jahrhundert.

Die Tatsache, dass früher und leider auch heute noch viele Personen nur schlecht oder ungern lesen, hat die Verbreitung von Informationen über das geschriebene Wort stark eingeschränkt. Möglicherweise hängt dies damit zusammen, dass in der heutigen Zeit visuelle Inhalte zunehmend bevorzugt werden, wodurch eventuell weniger Wert auf die Förderung guter Lesekompetenzen und die Bekämpfung des Analphabetismus gelegt wird. Die Erfindung des Buchdrucks hat zwar die Verbreitung von Wissen erleichtert und beschleunigt, doch letztlich entscheidet der Verlag, was veröffentlicht wird und behält damit das letzte Wort. Es ist deshalb durchaus möglich, dass viele Schriftwerke, sei es durch Fehlübersetzungen oder durch das mangelnde Verständnis der Übersetzer für das jeweilige Thema, bewusst oder unbewusst verfälscht wurden.

Früher war es nicht so einfach, ein Buch zu schreiben und es dann direkt im Internet oder als Blog zu veröffentlichen. Damals waren erhebliche finanzielle Mittel erforderlich, um eine Publikation zu realisieren – weit mehr als dies heute der Fall ist. Zudem bietet das Internet Zugang zu „Berichten", die man in Büchern kaum finden würde. Dazu zählen alternative Bibeltexte, unkonventionelle Geschichtsschreibungen und Berichte über Kriegsereignisse, die in unserer herkömmlichen Literatur kaum vorkommen.

Seit den 1950er-Jahren, als Rundfunk und Fernsehen in den Haushalten weit verbreitet waren, hat sich die Propagandaindustrie stetig weiterentwickelt und ist immer raffinierter und wirkungsvoller geworden. Die Grundlage dafür wurde allerdings schon früher gelegt, mit dem ersten Fernsehsender, der 1935 in Berlin auf Sendung ging. Diese Entwicklung machte eine gezielte Beeinflussung der Massen möglich. Ob diese Medien genutzt werden, um Epidemien zu melden, Kriege zu legitimieren oder einfach Werbung zu machen, ist letztlich zweitrangig. Entscheidend ist, dass sie eine mächtige Rolle in der Beeinflussung der öffentlichen Meinung spielen.

Worüber wir uns einig werden müssen, ist, dass die Leiter dieser Medienkonzerne ihre Arbeit in den letzten 70 Jahren analysiert, optimiert und perfektioniert haben. Die Beeinflussung der Bevölkerung, direkt beim Zuschauer zu Hause, wurde erst durch die entsprechende technologische Fortentwicklung möglich. Dieser Fortschritt kann ein großer Segen sein, vorausgesetzt, er wird bewusst und zum Wohle vieler genutzt.

Allerdings ist es so, dass diejenigen, die über weltverändernde Informationen verfügen, dieses Wissen schon seit Jahrhunderten, wenn nicht gar Jahrtausenden, in ihren Händen halten. Durch die Weitergabe und Bewahrung dieser Kenntnisse über Generationen hinweg konnten ihre Familien die Geschicke der Welt lenken. Ihr tiefes Verständnis und ihre Kontrolle über die Materie und deren Umwandlung haben sie zur Perfektion gebracht. Anders ausgedrückt: Sie sind

Meister der Schwingung und verstehen genau, wie sie diese zu ihrem Vorteil lenken können.

Die Bibel und viele andere bedeutende Texte sind im Laufe der Geschichte Opfer von Zensur und Zerstörung geworden. Allein die Bücherverbrennungen in Alexandria und später in der "Neuen Welt" in Amerika haben ein immenses Wissen der Menschheit für immer vernichtet. Über die genauen Hintergründe des Brandes in Alexandria ist nur wenig bekannt, es wird jedoch spekuliert, dass Brandstiftung eine Rolle spielte. Die katholische Kirche hat die Texte der Neuen Welt sogar nachweislich absichtlich zerstört. Auch in der jüngeren deutschen Geschichte wurden Bücher systematisch verbrannt, um bestimmte Informationen auszulöschen.

Daher müssen wir leider davon ausgehen, dass die uns heute noch zugänglichen Texte, unabhängig von ihrem Alter, nur einen sehr kleinen Teil der Wahrheit abbilden. Wenn wir Paretos 80/20-Regel anwenden, könnten wir vermuten, dass mindestens 80 % des Wissens den Flammen zum Opfer fiel. Das wenige, was uns erhalten blieb, ist somit nur die Spitze des Eisbergs. Und selbst diese kleine Spitze, die wir in Büchern oder im Internet finden, ist oft mit Desinformationen durchsetzt und liefert uns nur ein verzerrtes Bild der Wirklichkeit.

Die Vorgehensweise der beschriebenen Strategie erscheint durchaus sinnvoll. Indem kleine Funken der Wahrheit erhalten bleiben oder sich nicht vollständig auslöschen lassen, bleibt das Interesse der Menschheit geweckt. Doch gleichzeitig werden so viele Falschinformationen beigemischt, dass es leicht ist, jemandem, der solche Ideen aufgreift, das Fundament zu entziehen. Wenn jemand über diese Themen spricht und dabei auf die Falschinformationen eingeht, sie vielleicht sogar für wahr hält und darauf aufbauend Argumente formuliert, verliert diese Person schnell an Glaubwürdigkeit.

Nehmen wir an, jemand entwickelt zehn Hypothesen. Neun davon können widerlegt oder nicht bewiesen werden. Nachdem die Fehlerhaftigkeit dieser neun in den Vordergrund gerückt und die Person durch die Medien diskreditiert wurde, ist kaum noch jemand bereit, der zehnten Aussage auch nur ein bisschen Aufmerksamkeit zu schenken. Dabei könnte gerade diese zehnte These den Kern der Wahrheit enthalten.

Ähnlich wie bei einem Magier, der Ihre Aufmerksamkeit geschickt lenkt, sodass Sie den Trick nicht durchschauen, obwohl er direkt vor Ihren Augen geschieht, funktioniert das Prinzip der Ablenkung. Dieses Vorgehen erinnert an die Strategie „Teile und herrsche" oder „Divide et impera" aus dem Lateinischen. Diese Redewendung beschreibt die Taktik, eine zu kontrollierende oder zu besiegende Gruppe, wie etwa ein Volk, in kleinere Untergruppen mit widersprüchlichen Interessen aufzuspalten. Das Ziel ist, dass sich diese Teilgruppen gegeneinander wenden, anstatt sich vereint gegen den gemeinsamen Feind zu stellen (siehe Wikipedia).

An dieser Stelle werden die Bücher von Vadim Zeland empfohlen. Darin beschreibt er unter anderem das Konzept der sogenannten „Pendel". Diese bewegen sich zwischen Extremen und ziehen dabei kontinuierlich Energie aus ihren Anhängern, unabhängig davon, auf welcher Seite diese stehen. Es spielt keine Rolle, ob jemand die eine oder die andere Position vertritt – die Energiezufuhr bleibt konstant. Praktisch alle Institutionen auf der Welt können als solche Mechanismen betrachtet werden, die stets nach neuer Vitalität verlangen und genau wissen, wie sie diese erhalten. Dies könnte auch erklären, warum sich viele Menschen heutzutage so erschöpft und ausgebrannt fühlen.

Auch ich hatte beim Lesen dieser Schriften und dem Versuch, mich von solchen Einflussfaktoren zu lösen, das Gefühl, deutlich mehr Dynamik zu besitzen bzw. bewahren zu können. Doch diese Kräfte holen einen schnell wieder ein – schließlich haben sie sich darauf spezialisiert und „leben" von der angezapften Kraft. Mehr dazu finden Sie in Zelands Büchern.

Es soll betont werden, dass ich die Autoren der von mir empfohlenen Publikationen persönlich nicht kenne und keinerlei Begünstigungen, Zuwendungen oder Ähnliches erhalte. Es geht mir nicht darum, das Thema vorwegzunehmen oder zu stark zu vereinfachen. Die Buchreihe ist weitaus umfangreicher, als ich es hier nur ansatzweise darstellen könnte. Auch die folgenden Buchempfehlungen umfassen übrigens ganze Reihen. Haben Sie Mut und befassen Sie sich gerne tiefgehender mit den entsprechenden Themen – es lohnt sich allemal.

Wenn wir diese Gedanken konsequent weiterführen und annehmen, dass Sie beispielsweise als König oder Mitglied einer Adelsfamilie den Aufstand des Volkes miterlebt hätten – wie es etwa bei der Französischen Revolution der Fall war – und dabei vielleicht sogar viele Ihrer Verwandten verloren haben, während der Ruf des Volkes nach Macht und Gleichberechtigung immer lauter wurde. Was würden Sie als Herrscher in einer solchen Situation tun? Vermutlich würden Sie zwei politische Gruppierungen ins Leben rufen – eine rechte und eine linke. Je nachdem, welches dieser Lager Ihnen wohlgesonnener ist, das heißt, welche Partei Ihre Interessen und Ziele am stärksten unterstützt, würden Sie diese durch verschiedene Zuwendungen fördern.

Um es auf den Punkt zu bringen: Die Partei, die den Sieg davontragen soll, erhält schlicht und ergreifend mehr finanzielle Unterstützung und kann dadurch die Propagandamaschinerie effektiver nutzen. Und damit das Ganze nicht zu kostspielig wird, sorgt man dafür, dass es nur zwei Lager gibt. Schauen wir uns hierzu die Politik in den USA an: Es gibt die Republikaner und die Demokraten. In Deutschland ist die Parteienlandschaft zwar etwas vielfältiger, doch da viele politische Gruppen zu klein und zersplittert sind, sind sie oft nicht handlungsfähig oder müssen Koalitionen eingehen, was zwangsläufig Kompromisse mit sich bringt.

Häufig – und das ist weltweit leider kein Einzelfall – wird von Wahlmanipulation oder -betrug berichtet. Selbst wenn alles ordnungsgemäß abläuft und die Partei gewinnt, die nicht von den bestehenden Institutionen und Machthabern favorisiert wurde, ändern die Verantwortlichen oft „zufällig" ihre Ziele oder Versprechen nach der Wahl ab. Sollte es doch einmal vorkommen, dass eine politische Gruppierung während ihrer gesamten Legislaturperiode tatsächlich „aus der Reihe tanzt", könnte diese bei der nächsten Wahl leicht ersetzt werden.

Es ist ebenfalls wichtig zu bedenken, dass die Monopole und Institutionen, die unsere Wirtschaft maßgeblich beeinflussen, dies nicht erst seit gestern tun. Sie planen nicht nur für die Gegenwart, sondern für Jahrzehnte oder sogar Generationen voraus. Viele dieser Großunternehmen zahlen in Deutschland kaum oder gar keine Steuern, üben jedoch einen erheblichen Einfluss auf die Politik aus. In einigen Fällen werden diese Konzerne sogar mit Steuergeldern „gerettet", obwohl sie selbst in der Vergangenheit nicht einen Cent zur Staatskasse beigetragen haben.

Man könnte sich fragen, ob hier eine Art „Politikerhaftung" nicht sinnvoll wäre – eine Verantwortung der Politiker für ihre Entscheidungen, ähnlich wie sie in anderen Berufen üblich ist. Manchmal frage ich mich jedoch, ob wir wirklich eine Wahl haben oder ob es nicht eher so ist, als müssten wir zwischen zwei Übeln wählen. Ich drücke das bewusst provokant aus, aber am Ende sollten wir unseren Volksvertretern und Diplomaten vielleicht dankbar sein. Denn es lässt sich nicht leugnen, dass sich unsere Lebensumstände in den letzten Jahrzehnten in vielen Bereichen verbessert haben. Dennoch bleibt der Einfluss des Lobbyismus eine kritische Frage, da finanzstarke Interessenvertretungen oft großen Einfluss auf politische Entscheidungen nehmen, was das Vertrauen in die Unabhängigkeit der Politik schwächen oder neutralisieren kann.

Ob diese Verbesserungen allerdings im Vergleich zu den Lebensbedingungen der letzten 300, 3.000 oder gar 30.000 Jahre wirklich als Fortschritt zu betrachten sind, bleibt Ihrer eigenen Spekulation überlassen. Vielleicht sind wir auch hier wieder einer Illusion aufgesessen, die uns glauben macht, dass heute alles so viel besser sei. Ist das wirklich so oder wird uns nur suggeriert, dass wir in der besten aller möglichen Welten leben?

Diese kritische Frage knüpft an die Philosophie von Gottfried Wilhelm Leibniz an. Im 18. Jahrhundert vertrat Leibniz die Ansicht, dass unsere Welt trotz ihrer Unvollkommenheiten die „beste aller möglichen Welten" sei, da sie von einem allmächtigen und guten Gott erschaffen wurde. Diese Vorstellung wurde später, etwa durch den Philosophen Voltaire, als unrealistisch und naiv kritisiert. Im Licht dieser Überlegungen werden Sie, liebe Leserinnen und Leser, angeregt, sich zu fragen, ob unsere heutige Welt tatsächlich so ideal ist, wie oft behauptet wird oder ob wir uns lediglich einer wohlwollenden Illusion hingeben.

Eine wichtige Regel, die stets beachtet werden sollte, lautet: „Folge der Spur des Geldes." Wer oder was profitiert von bestimmten Entwicklungen in einer bestimmten Region? Dieses Thema werden wir in einem eigenen Kapitel ausführlich behandeln. Insbesondere unser Währungssystem ist von so viel Illusion, Verzerrung, Massenmanipulation und Intransparenz geprägt, dass eine genauere Betrachtung unserer Zahlungsmittel unerlässlich ist. In Bezug auf den Titel dieses Buches muss das Thema Geld ohnehin angesprochen werden, daher bitte ich Sie um etwas Geduld.

Ein weiterer Grundsatz, den man stets im Hinterkopf behalten sollte, lautet: „Die Geschichte wird von den Siegern geschrieben." Leider müssen wir uns bewusst machen, dass auch um die deutsche Geschichte noch viele Geheimnisse und Mysterien, im wahrsten Sinne des Wortes, verborgen liegen. Diese gilt es noch zu entschlüsseln. Es wird Archäologen und Historikern teilweise untersagt, an bestimmten Orten Ausgrabungen vorzunehmen. Dennoch werden regelmäßig neue Massengräber entdeckt, die vermutlich von damaligen Zivilisten oder Flüchtlingen stammen.

Die massive Bombardierung deutscher Städte während des Zweiten Weltkriegs, oft ohne industrielle Ziele und mit vorwiegend ziviler Bevölkerung, Flüchtlingen oder sogar Häftlingen, hat ein bisher beispielloses Ausmaß erreicht. Im Gegensatz dazu flog die deutsche Luftwaffe angeblich nur bei Tag und zielte hauptsächlich auf Industrieanlagen, um zivile Opfer zu vermeiden. Dies änderte sich jedoch wohl, als die Alliierten begannen, deutsche Städte zu bombardieren, wobei der Fokus auf zivilen Gebieten und nicht auf bedeutender Industrie lag. Dresden und Hamburg sind nur zwei von vielen Beispielen für diese Vorgehensweise.

Ich möchte dieses Thema nicht zu tiefgehend erörtern, denn wir wissen alle, dass in diesem Bereich noch viel Aufklärungsarbeit nötig ist. Kurz gesagt, auch hier zeigt sich, dass wir der Geschichtszensur möglicherweise durch die Sieger des Krieges unterliegen.

Wir müssen uns bewusst machen, dass wir die Welt größtenteils nur durch eine Art „Röhre" oder Filter wahrnehmen – sei es durch den PC, das Smartphone, den Fernseher oder Zeitungen. Diese Röhre besteht aus den Eindrücken und Informationen, die andere Menschen für uns vorauswählen und aufbereiten. Die wichtigste Erkenntnis, die wir daraus ziehen sollten, ist, dass es uns oft nicht möglich ist, den Wahrheitsgehalt der Informationen, die wir erhalten, direkt zu überprüfen. Solange wir nicht selbst die Orte bereist oder uns persönlich von den Ereignissen überzeugt haben, können wir eigentlich nie sicher wissen, ob es sich wirklich um eine Tatsache handelt. Uns ist doch allen bewusst, dass in sogenannten Realityshows oft nur wenig Realität steckt.

Es wird deutlich, dass weder unsere Augen, noch unsere Ohren, noch die Geschichtsschreibung, wissenschaftliche Messungen oder das Fernsehen ein vollständiges Abbild unserer Realität vermitteln können, sollen oder wollen. Viele Wissenschaftler erhielten vor ca. 100 Jahren den Nobelpreis für Thesen, die heute als völlig falsch widerlegt wurden. Ein Beispiel ist der Nobelpreis für Medizin 1949, der an António Egas Moniz für die Entwicklung der Lobotomie verliehen wurde – eine extrem umstrittene und später weitgehend diskreditierte Methode, um psychische Erkrankungen zu behandeln. Ebenso erhielt Johannes Fibiger 1926 den Nobelpreis für die Entdeckung, dass Parasiten Krebs verursachen – eine These, die später als falsch erkannt wurde.

Wie also können wir der Wahrheit auf den Grund gehen? Uns bleibt nur, die für uns relevanten Themen selbst zu prüfen, zu hinterfragen und unseren eigenen Verstand zu nutzen. Solange wir jedoch ständig dem Alltagsstress hinterherrennen und nur darauf bedacht sind, auf äußere Einflüsse zu reagieren, werden wir nie in der Lage sein, eigenständig zu agieren – geschweige denn, eigenmächtig zu denken.

Kapitel 5: Von Wesen der Anunnaki

Ich weiß nicht, ob Ihnen dieser Begriff geläufig ist oder ob Sie sich jemals mit dem Thema Prä-Astronautik beschäftigt haben. Als Anunnaki werden jene Wesen bezeichnet, die uns möglicherweise kolonialisiert haben könnten. Sie fragen sich jetzt vielleicht: Was soll das bedeuten?

Es wird spekuliert, dass die Anunnaki aufgrund von Kriegen zwischen humanoiden und reptiloiden Wesen gezwungen waren, die Erde zu besuchen. Diese Kriege sollen die Atmosphäre ihres Heimatplaneten stark geschädigt haben, was den Abbau von Rohstoffen auf Gaia notwendig machte. Besonders das irdische Gold war von Interesse, da es, in Form eines speziellen Pulvers, der Atmosphäre eines Planeten im Sirius-System beigefügt werden sollte, um dessen Abkühlung zu verhindern oder zumindest abzuschwächen.

Auf der Erde wurden zudem Dolche gefunden, die aus Legierungen bestehen, deren Zusammensetzung Metall enthält, das der Menschheit unbekannt ist und das wir nicht nachbilden können. Natürlich könnten diese Dolche auch aus Meteoriten gefertigt worden sein, doch es fehlen Hinweise auf den Einsatz von Werkzeugen. Aber lassen Sie uns weitergehen.

Es gibt ebenfalls Schrifttafeln, die Enki, den Herrscher der Erde, betreffen. Diese Tafeln sind in Stein „gemeißelt" und wurden übersetzt. Eine davon beschreibt die Flucht eines Wesens namens Alalu, das meines Erachtens ursprünglich im Sirius-System lebte. Enki, der bereits zuvor im Text erwähnt wurde, verfolgte Alalu auf Umwegen bis zum Mars und schließlich zur Erde, wo sie auf Gold stießen. Dieses Gold kannten sie vorher nur theoretisch aus ihrem „Periodensystem".

Enki und Enlil, zwei Brüder von unterschiedlichen Müttern, stammten meines Wissens nach beide aus demselben Planetensystem; während Enki als Erster die Erde erreichte, um nach Gold zu suchen, folgte Enlil später, um Ordnung zu schaffen. Da sie an eine andere Sonne, andere Lebensbedingungen und vieles mehr gewöhnt waren, arbeitete Enki die ersten sechs Erdtage durch und ruhte sich am siebten Tag aus. Kommt Ihnen das bekannt vor? Ich bin mir sicher, dass Sie diese Geschichte in abgewandelter Form schon einmal gehört haben.

Wenn die Zeit für diese Wesen langsamer verging, hätten sie problemlos die Vegetation der Erde verändern oder sie vielleicht sogar erst entstehen lassen können. Die ersten von ihnen, die nicht auf der Erde geboren wurden, waren nicht den Gesetzen und Schwingungen von Gaia unterworfen. Wenn diese Wesen also anders alterten und viel älter wurden als wir heute, könnte dann nicht ein Funken Wahrheit in den alten Legenden von fast unsterblichen Wesen stecken?

Könnte es auch sein, dass ihre Nachfahren ebenfalls deutlich länger lebten, wenn auch nicht mehr so lange wie ihre Vorfahren? In den sumerischen Königstafeln, die in Ton verfasst und später übersetzt wurden, sind die Herrscherzeiten vieler Könige festgehalten. Jeder von ihnen soll über Zeiträume von 4.000 bis 27.000 Jahren regiert haben. Wäre es daher nicht denkbar, dass biblische Figuren wie Adam, Abraham und Moses als Nachfahren dieser Wesen oder deren Schöpfungen ebenfalls viel länger lebten und die Altersangaben von über 900 Jahren in der Bibel gegebenenfalls sogar korrekt sind?

Das Verständnis solcher Schrifttafeln, selbst nach der Übersetzung, ist mühevoll, da sich die Sprache und Grammatik erheblich von dem unterscheiden, was wir heute kennen. In diesen Texten wird beschrieben, wie Wesen – einschließlich des Menschen – nach der Vorstellung der Schreiber geformt wurden, um für die Anunnaki bestimmte Arbeiten zu verrichten. Interessanterweise soll sich die erste Plantage, Lande- oder Aufzuchtstation in Edin befunden haben, einem Gebiet zwischen Euphrat und Tigris. Der „Garten Eden" dürfte Ihnen bereits ein Begriff sein, oder?

Nach meinem Verständnis stammen die Anunnaki aus dem Sonnensystem Sirius, das angeblich aus drei Sternen besteht: Sirius A, B und C. Das ist leicht zu merken. Ein afrikanischer Stamm, die Dogon, wusste bereits seit etwa 800 Jahren, dass Sirius A von Sirius B umkreist wird. Diese Umlaufbahn verursacht minimale Schwankungen in der Gravitation von Sirius A, die mit bloßem Auge nicht zu erkennen sind. Erstaunlicherweise konnte die moderne Wissenschaft diese Umlaufbahn und die daraus resultierenden Abweichungen bei Sirius A erst in den 1980er-Jahren bestätigen.

Aufgrund der Zerstörung oder schweren Beschädigung ihres Planeten durch Kriege waren die Anunnaki gezwungen, auszuwandern und nach alternativen Ressourcen und Möglichkeiten zu suchen. Auf der Erde gibt es sehr alte Goldminen und Steinbrüche, die diese These stützen könnten. Parallel dazu soll auf dem Mars eine Zwischenstation eingerichtet worden sein, was die dortigen Pyramidenstrukturen oder das sogenannte "Marsgesicht" erklären könnte.

Im Buch Enki wird zudem erwähnt, dass die Siedler der Anunnaki, die ursprünglich auf dem Mars stationiert waren, später zur Erde übersiedelten und sich „Igigi" nannten. Diese Umsiedlung führte wohl ebenfalls zu territorialen Konflikten. Interessanterweise ist der Begriff Igigi noch heute in überlieferten Texten und Mythen zu finden.

Wenn sich die Anunnaki, wie zuvor erwähnt, tatsächlich mit dem Menschengeschlecht – also ihrer Schöpfung oder ihren Arbeitern – vermischt hätten, könnten daraus die Halbgötter entstanden sein, von denen uns immer wieder berichtet wurde. Wären nicht legendäre Gestalten wie Herkules, Theseus, Perseus, Romulus und Remus oder auch Gilgamesch und viele andere das Ergebnis dieser Vermischung? Wie bereits erwähnt, könnten die in den biblischen und anderen alten Texten überlieferten Altersangaben dieser Figuren tatsächlich korrekt sein.

Dabei muss eine Paarung nicht zwingend physisch stattgefunden haben. Auch heute gibt es schließlich Methoden der künstlichen Befruchtung, wie die In-vitro-Fertilisation (IVF), was lateinisch „Befruchtung im Glas" bedeutet. Diese Technik wurde in den 1960erund 1970er-Jahren von Robert Edwards und Patrick Steptoe entwickelt, wofür Edwards 2010 den Nobelpreis für Medizin erhielt (siehe Wikipedia).

Stellen Sie sich nun vor, es gäbe noch fortschrittlichere Methoden als die heutigen und bedenken Sie die mögliche Unwissenheit der damals befruchteten Frauen. Würden dann die alten Überlieferungen von Schwangerschaften und Geburten, die von einstigen Jungfrauen berichteten, nicht plötzlich Sinn ergeben?

Wenden wir uns wieder dem Sirius-System zu. Da dieses Planetensystem größer als unseres ist und die Umlaufbahn um seine Sonne entsprechend länger dauert, sind dort auch die Tage zwangsläufig umfangreicher. Es wäre daher logisch, dass sich die Reisenden nicht sofort an den Rhythmus der Erde anpassten, bloß weil die Sonne nicht mehr schien. Sie würden ihren gewohnten, von ihrem Heimatplaneten geprägten Rhythmus vermutlich nicht sofort umstellen. Angenommen, Sie würden ein anderes Sternensystem besuchen und dort würde es alle zwei Stunden Nacht werden. Würden Sie sich dann ebenfalls alle zwei Stunden hinlegen und versuchen zu schlafen, nur weil es dunkel wird? Oder würden Sie nicht vielmehr Ihren vertrauten Rhythmus von 16 Stunden Wachsein und 8 Stunden Ruhen beibehalten?

Im Laufe der Zeit kam es unter den Geschwistern und Nachkommen der ersten und ältesten Anunnaki offenbar zu Meinungsverschiedenheiten, die in heftigen Konflikten endeten und massive Zerstörungen auf der Erde, insbesondere in Ägypten, hinterließen. Wie bereits erwähnt, nimmt die Natur sich ihren Lebensraum zurück. Sie überwuchert solche Spuren, bedeckt sie mit Sand oder Vegetation und lässt sie allmählich in Vergessenheit geraten. Doch wenn selbst nach Jahrtausenden an bestimmten Orten das Ökosystem nicht in der Lage war, wieder eine üppige Fülle an Pflanzen und Tieren hervorzubringen, deutet das darauf hin, dass die Verwüstungen dort besonders extrem gewesen sein müssen.

Ob die Anunnaki allein für diese Destruktionen verantwortlich waren oder ob alle fünf Zivilisationen, die möglicherweise vor uns existierten, ihre Waffenarsenale einmal über die Erde entladen haben, bleibt Ihrer eigenen Spekulation überlassen. Doch es steht außer Frage, dass die Narben, die aus den Konflikten auf diesem Planeten resultieren, tief und nachhaltig sind.

Für die Anunnaki könnte ein Jahr etwa 3600 Erdenjahren entsprechen. Wenn dies zutrifft, dann würde eine karge und wüstenartige Erde nach einem Jahr in deren Zeitrechnung – also nach 3600 Erdenjahren – eine üppige Vegetation hervorgebracht haben. Selbst wenn ihr Jahr „nur" 1000 unserer Jahre betragen würde, wäre dies ausreichend, um dichte Urwälder entstehen zu lassen, eine Atmosphäre zu entwickeln, Wolken zu bilden, Regenfälle auszulösen und Flüsse sowie Gewässer zu schaffen. Enki, Enlil und ihre Nachkommen könnten demnach viele Hunderttausend Jahre alt werden oder geworden sein. Mit einer solchen Lebensspanne hätten sie wahrlich genug Zeit gehabt, um auf der Erde erhebliche Veränderungen vorzunehmen.

In vedischen Schriften wird ebenfalls von fliegenden Städten berichtet. Könnte „das zum Himmel auffahren" daher nicht wörtlich gemeint sein? Denken Sie hierbei auch an die Berichte der indigenen Völker Amerikas, die von weißen oder hellhäutigen Göttern erzählten, die vom Himmel herabgestiegen seien.

Fast alles, was aus jener Zeit noch erhalten ist, wurde in Stein gemeißelt oder in Form von Steinbauten überliefert. In diesen antiken Strukturen könnte noch viel wertvolles Wissen verborgen liegen – sei es in Form von Schrifttafeln, Kristallschädeln oder auf andere Art. Werke wie das Gilgamesch-Epos, die Smaragdtafeln von Thoth, das verschollene Buch Enki und die sumerischen Schrifttafeln sind auf diese Weise überliefert worden. Es scheint, als hätten die Erschaffer solcher Artefakte alles daran gesetzt, ihre Weisheiten für die Nachwelt zu bewahren.

Ob wir jedoch den Zugang zu diesem Wissen finden und seine Bedeutung erkennen, ist eine andere Frage. Haben Sie in Ihrer bisherigen Ausbildung oder Entwicklung jemals von diesen bedeutenden Fundstücken gehört?

Beim Gilgamesch-Epos wurden mehrere Steinplatten zerbrochen oder zerstört. Zu Beginn des Epos werden die aktuellen Herrscher erwähnt und es wird über Gilgameschs Reisen und Taten berichtet, einschließlich eines Treffens mit Noah, der ersten Menschengeneration nach der großen Flut. Auch die Namen von Herrschern wie Anu, Enki und Enlil finden sich in diesen Texten, was die Konsistenz und Übereinstimmung der Quellen unterstreicht. Diese Namen werden ebenfalls im Buch Enki erwähnt, was die Kohärenz der Überlieferungen bestätigt.

In den Veden, einer Sammlung heiliger Texte des Hinduismus, die ursprünglich mündlich überliefert und später niedergeschrieben wurden, finden wir die Information, dass vor mehr als 5000 Jahren noch kein Mond am Firmament sichtbar war. Dies deutet darauf hin, dass die Erde eventuell damals noch in einer instabilen Bewegung war, ohne die harmonischen und rhythmischen Jahreszeiten, die wir heute kennen. Das Klima könnte daher konstant maritim gewesen sein und viele Aspekte des Lebens wären ebenfalls anders gewesen.

Da der Mond für die Gezeiten von Ebbe und Flut verantwortlich ist, würde sein Eintritt in den Gravitationsradius der Erde eine massive Flutwelle auslösen. Dies könnte gut mit der bestehenden Geschichtsschreibung und den weltweiten Überlieferungen der großen Flut übereinstimmen. Es würde auch erklären, warum die Überreste und das Wissen der damaligen Hochkulturen oft tief unter der Erde begraben liegen.

Wenn wir zudem berücksichtigen, dass bei den Experimenten zur „Züchtung" des Menschengeschlechts viel Zeit verging und zahlreiche Kreuzungen und Misserfolge auftraten, könnte es sinnvoll erscheinen, die Erde von diesen möglicherweise als unvollkommen oder nicht überlebensfähig erachteten Wesen zu reinigen. Die Wissenschaft ist bekanntlich häufig ein Prozess von Versuch und Irrtum.

Daher stellt sich die Frage, ob an den Legenden über verschiedene mythische Wesen wie dem Minotaurus (Mischwesen mit dem Körper eines Menschen und dem Kopf eines Stiers), Thoth (ägyptischer Gott, der oft als Mensch mit einem Falkenkopf dargestellt wird), den Zentauren (halb Mensch, halb Pferd), dem Zerberus (dreiköpfiger Hund, der die Unterwelt bewacht), dem Greifen (mit dem Körper eines Löwen und dem Kopf und den Flügeln eines Adlers), den Drachen (feuerspeiende, schlangenähnliche Kreaturen) und dem Mantikor (Fabelwesen mit dem Körper eines Löwen, einem menschlichen Gesicht und einem giftigen Stachelschwanz), doch ein Funken Wahrheit dran ist. Die Aufzählung ließe sich noch fortsetzen. Vielleicht lebten diese Kreaturen tatsächlich einst auf der Erde. Auch die Legenden von den Titanen könnten in diesem Kontext einen wahren Kern haben.

Die gesamte Population von Menschen, Tieren und Pflanzen könnte durch die große Flut ausgelöscht worden sein, um die Welt anschließend durch die Nachkommen Noahs neu zu besiedeln. Auch im Buch Enki findet sich eine interessante Geschichte dazu. Hier wird berichtet, dass Enki Noah den Bau eines speziellen Bootes empfahl – eines U-Bootes. Er soll ihm sogar die entsprechenden Baupläne übergeben haben. Laut dem Buch Enki transportierte Noah die Tiere in der Arche, jedoch nicht in physisch ausgewachsener Form. Stattdessen erhielt er einen Koffer mit dem gesamten genetischen Material der Pflanzen- und Tierwelt.

Um das Thema aufzulockern und mögliche Wahrheiten biblischer Texte zu beleuchten, soll hier die Geschichte von Jona angeführt werden. Laut der Bibel wurde Jona von der Besatzung eines Schiffes über Bord geworfen, weil ein Sturm wütete und man ihn als Unglücksbringer betrachtete. Nachdem er im Meer trieb, wurde er von einem Wal „verschluckt" und schließlich am Ufer wieder „ausgespeit". Die Bibel berichtet, dass Jona sich im Bauch des Wales aufhielt. Diese Beschreibung könnte jedoch auf Übersetzungsfehler oder Missverständnisse zurückzuführen sein.

Es gibt Berichte und Videos, die zeigen, dass Wale kleinere Tiere wie Robben oder Seelöwen in ihrem Maul aufnehmen, um sie vor Feinden, insbesondere Orcas, zu schützen. In Anbetracht der enormen Größe eines Wales könnte ein Mensch theoretisch in dessen Maul Platz finden. Ähnlich wie Menschen Tieren in Not helfen können, gibt es Berichte darüber, dass Tiere Menschen in gefährlichen Situationen beigestanden haben. Könnte es also sein, dass Jona nicht im Magen des Wales war, sondern vielleicht in dessen Rachen aufgenommen und so vor der Gefahr des Ertrinkens gerettet wurde?

Um auf Noah zurückzukommen: Wenn die gesamte Menschheit tatsächlich von seinem Geschlecht abstammt und wir alle auf denselben Genpool zurückgreifen, müssten wir uns fragen, ob wir nicht eine stark inzestuöse Ethnie wären. Ebenso stellt sich nach der Evolutionstheorie von Darwin die Frage, wie sich innerhalb von nur etwa 10.000 Jahren eine so große Vielfalt an verschiedenen menschlichen Populationen entwickeln konnte.

Erstaunlicherweise hat der Mensch die Fähigkeit zur Fortpflanzung mit jeder „Menschenvariante" beibehalten, was nach langer geografischer oder genetischer Trennung normalerweise nicht mehr möglich wäre. Ein Beispiel hierfür sind die Darwinfinken, deren Evolution auf den Galapagos-Inseln beobachtet wurde. Charles Darwin, der Begründer der Evolutionstheorie, legte mit seinem Prinzip „Survival of the Fittest" den Grundstein für unser Verständnis natürlicher Mutationen. Diese Veränderungen der DNS, die in der Natur angeblich regelmäßig auftreten, können das Überleben einer Art verbessern oder verschlechtern, abhängig von ihrer Eignung für die jeweilige Umgebung.

Die Finken auf den Galapagos-Inseln haben sich perfekt an ihre spezifischen Umwelten angepasst – in Schnabelform, Größe, Flugverhalten und Nahrungsaufnahme. Da die Inseln so weit voneinander entfernt liegen, ist ein Austausch von Erbgut zwischen ihren Bewohnern kaum möglich. Im Laufe der Zeit haben sich genetische Unterschiede herausgebildet, die eine Fortpflanzung zwischen den verschiedenen Finkenarten mittlerweile verhindern.

Darwin vermutete, dass diejenigen Finken überlebten, die am besten an die Nahrungsquellen und Vegetation ihrer Insel angepasst waren. Finken mit längeren Schnäbeln, die besser in Spalten nach Insekten suchen konnten oder solche mit stärkeren Schnäbeln, die in der Lage waren, Fleisch aus Beutetieren herauszupicken, hatten vermutlich bessere Überlebenschancen und pflanzten sich weiter fort. Darwin ging davon aus, dass diese Anpassungen über Millionen von Jahren stattfanden.

Normalerweise verlieren Arten nach so langen Trennungszeiten die Fähigkeit, sich miteinander fortzupflanzen. Bei den Darwinfinken ist dies bereits der Fall. Im Gegensatz dazu besitzt die Menschheit, trotz ihrer genetischen Vielfalt, noch immer die Fähigkeit zur Fortpflanzung untereinander. Das deutet darauf hin, dass es in der Geschichte der Menschheit keine signifikant langen Trennungszeiten gegeben haben kann. Wären wir über Millionen von Jahren voneinander isoliert gewesen, wäre eine genetische Vermischung, wie bei den Finken, ebenfalls unmöglich geworden. Wie also konnte sich die immense genetische Vielfalt der Menschheit in einem so kurzen Zeitraum entwickeln?

Wir sind vom Thema abgekommen. Lassen Sie uns daher kurz zum Mond zurückkehren. Gesteinsproben unseres kosmischen Nachbarn enthalten oder bestehen größtenteils aus Helium-3, einem Isotop, das das Potenzial hat, die Energieprobleme der Erde zu lösen. Darüber hinaus könnte man damit Wasser produzieren. Wenn man der gängigen wissenschaftlichen Theorie folgt, dass der Mond durch eine Kollision eines Asteroiden mit der Erde entstanden ist, sollte es auf der Erde ebenfalls Spuren von Helium-3 geben. Schließlich müssten Terra und Luna dieselben Rohstoffvorkommen haben. Doch das ist nicht der Fall. Zudem sollte sich der Mond, ähnlich wie die Erde, um seine eigene Achse drehen. Auch das tut er nicht. Warum wird Helium-3 nicht genutzt? Warum gibt es keine Kriege um den Erdtrabanten? Gehört er keiner Nation? Und warum nicht?

Tatsächlich regelt der Weltraumvertrag von 1967, dass kein Himmelskörper, einschließlich des Mondes, zum Besitz eines Landes erklärt werden kann. Doch interessant ist, dass dieser Vertrag bereits zwei Jahre vor der ersten bemannten Landung unterzeichnet wurde. Wussten einige Personen damals möglicherweise mehr über das Potenzial dieses Trabanten, als der breiten Öffentlichkeit bekannt war? Vielleicht bleibt er auch deshalb ungenutzt, weil unsere derzeitige Technologie es schlichtweg nicht erlaubt, den Erdtrabanten vollständig zu „erobern".

Es gibt Berichte über Besucher aus dem Alpha-Centauri-System, die behaupten, dass ihre Vorfahren ursprünglich von der Venus stammten. Als die Sonne Veränderungen durchlief, wurde die Oberfläche der Venus lebensfeindlich und die Bewohner verteilten sich auf andere Welten. Diese Besucher sollen als Forscher und Entwickler tätig gewesen sein, weshalb es gut möglich ist, dass sie die Monde in unser Sonnensystem brachten, um es zu stabilisieren. Der Aufbruch ins All und die Kolonisierung neuer Planeten könnte vor etwa 10 bis 20 Millionen Jahren stattgefunden haben.

Angesichts eines stetigen technologischen Fortschritts, selbst über eine Million Jahre hinweg, sollte der Bau künstlicher, gigantischer Planetenstabilisatoren kaum eine Herausforderung darstellen. Wenn die Monde tatsächlich künstlichen Ursprungs wären und an den Polen Öffnungen als Eingänge hätten, könnte dies erklären, warum dort so viele Krater ähnlicher Größe zu finden sind. Vielleicht würde eine Zerstörung oder Vernichtung eine Bombe erfordern, die von innen gezündet wird. Diese „Tore" könnten in jener fernen Vergangenheit bewusst anvisiert worden sein.

Ich weiß, Sie denken jetzt wahrscheinlich an einen bestimmten „Star Wars"-Film und schmunzeln. Lassen Sie sich ruhig dazu verleiten; ich lächle gerade ebenfalls.

Kapitel 6: Vom Wesen des Geldes

Viele Leserinnen und Leser wissen bereits, dass unser heutiges Geldsystem im Grunde genommen eine Illusion ist. Vielleicht sind Ihnen die Ursprünge dieses Gebildes nicht ganz klar oder Sie fragen sich, wer es ins Leben gerufen hat. Ohne zu sehr ins Detail zu gehen, soll hier die Entstehung dieser Struktur kurz skizziert werden.

Vor etwa 500 Jahren, als Menschen ihre Waren noch mit Gold und Silber bezahlten, kam es häufig zu Überfällen und Diebstählen. Ein findiger Geschäftsmann hatte damals die Idee, an verschiedenen Orten Filialen einzurichten, um dort Gold sicher zu lagern. Im Gegenzug erhielten die Einlagernden einen Papierbeleg, einen sogenannten Wechsel, den sie in jeder Filiale gegen die gleiche Menge Gold eintauschen konnten. Dies erleichterte den sicheren Transport von Wertanlagen erheblich, da es einfacher war, einen Papierwechsel zu verbergen als schwere Goldbarren oder gefüllte Münzbeutel.

Durch diese Methode wurde es für Räuber schwieriger, an die Schätze zu gelangen, da jemand die Wechsel später einlösen und sich dabei entsprechend legitimieren musste. Damit hatten Diebe weniger Chancen, unentdeckt zu bleiben, da der schriftliche Nachweis ihre Überführung erleichterte.

Bald stellte der Geschäftsmann jedoch fest, dass die Menschen das eingelagerte Gold gar nicht mehr abholten, sondern nur noch die Wechsel für ihre Zahlungen nutzten. Das brachte ihn auf die Idee, mehrere Wechsel auf dasselbe Gold auszustellen. Dies war praktisch die Geburtsstunde des Gelddrucks. Wenn nun alle gleichzeitig ihr Gold zurückhaben wollten, gingen die Letzten eben leer aus. So begann es vor etwa 500 Jahren. Nun frage ich Sie: Wie viel von unseren Zahlungsmitteln ist tatsächlich noch durch Gold gedeckt?

Mit der Abschaffung des Goldstandards in verschiedenen Ländern zu unterschiedlichen Zeiten und in verschiedenen Formen wurde die Gelddruckmaschinerie erst so richtig angekurbelt. Uns muss leider bewusst werden, dass es allein unser Glaube an das Geldsystem ist, der dieses überhaupt am Leben hält. Das gedruckte und in Umlauf gebrachte Münz- und Scheingeld steht längst in keinem Verhältnis mehr zu den tatsächlichen Gütern oder deren Gegenwert.

Bis 1914, als der Goldstandard in Deutschland abgeschafft wurde, gab es hier keine Inflation. Waren und Dienstleistungen hatten immer den gleichen Goldpreis. Erst mit dem verstärkten Druck von Zahlungsmitteln, der daraus resultierenden Einführung von Zentralbanken und den damit verbundenen Währungsschwankungen, wurde es notwendig, eine Geldentwertung kalkulatorisch zu berücksichtigen und sogar anzustreben.

Verstehen Sie mich hier bitte nicht falsch: „Geld ist das ultimative Mittel zur Bewegung des Stoffes." Ohne Geld wäre es notwendig, eine Vielzahl von Tauschtransaktionen durchzuführen, um letztendlich die gewünschte Ware zu erhalten. Geld vereinfacht also den Handel und die Bewegung von Materie erheblich. Doch die Frage bleibt: Wie nachhaltig ist ein System, das auf „unendlichem" Gelddrucken ohne reale Wertdeckung basiert?

Leider ist es so, dass die Menschen zwar stetig mehr verdienen, sich gleichzeitig aber immer weniger leisten können. Dies wird durch die Inflation, die Euroeinführung, die Niedrigzinsphase und viele andere Faktoren verschleiert. Offiziell wird die Teuerungsrate derzeit (Jahr 2020) mit etwa 1,5 % angegeben. Wie Sie, liebe Leserin, lieber Leser, jedoch aus eigener Erfahrung wissen, fühlt sich das oft ganz anders an.

Die Preissteigerung wird auf Grundlage eines von Experten zusammengestellten Konsumkorbs berechnet, der die Waren und Dienstleistungen umfasst, die ein „typischer" Haushalt im Alltag benötigt. Die jährlichen Preisveränderungen dieses Warenkorbs werden ermittelt und als Inflationsrate in Prozent angegeben. Doch die Zusammensetzung dieses Korbs kann durchaus umstritten sein. Schließlich kauft nicht jeder von uns annual einen neuen Fernseher oder ein neues Auto. Betrachtet man die Preisentwicklung einzelner alltäglicher Güter wie Backwaren, Benzin oder die Kugel Eis, lassen sich jedoch oft jährliche Steigerungen von mindestens 4-5 % beobachten – und das Jahr für Jahr!

Zudem stellt sich die Frage, wie viel Rendite Sie derzeit (2020) auf Ihrem Sparbuch erhalten. Aufgrund der aktuellen Kapitalmarktlage gibt es kaum noch Zinsen und das massive Gelddrucken zwingt Anleger und Investoren dazu, spekulativere Anlagemodelle in Betracht zu ziehen. Dies führt zu Überhitzungen am Aktienmarkt, die wir seit Jahrzehnten beobachten, sowie zu den bekannten Immobilienblasen. Ein jüngstes, heftiges Beispiel war die Immobilienblase in den USA im Jahr 2007. Ähnliche Entwicklungen sind meiner Meinung nach schon länger in Deutschland und Europa zu beobachten.

Die Einführung von Geld und die damit verbundene Geldentwertung sind meines Erachtens durchaus durchdacht, wenn auch nicht unbedingt zum Vorteil der Allgemeinheit, sondern eher zur Aufrechterhaltung von Institutionen. Viele von uns tauschen ihre Lebenszeit gegen Geld, um sich damit Nahrung, ein Zuhause oder Luxusartikel leisten zu können. Ein bekanntes Sprichwort von Dave Ramsey lautet: „Wir kaufen Dinge, die wir nicht brauchen, mit Geld, das wir nicht haben, um Menschen zu beeindrucken, die wir nicht mögen."

Im Wesentlichen sind wir also Sklaven mit der Illusion der Freiheit. Wir tauschen unsere Lebenszeit gegen Geld, das andere im Handumdrehen erschaffen können. Ist das nicht absurd? In den Anastasia-Büchern gibt es eine interessante Anekdote über den Dämon Kratie, der durch die Einführung von Geld den Menschen die Illusion von Freiheit verlieh. Haben Sie es erkannt? Demokratie?

Wenn Sie mehr darüber erfahren möchten, empfehle ich Ihnen, diese Geschichte in den Anastasia-Büchern von Wladimir Megre selbst nachzulesen. Sie bietet eine tiefgehende Reflexion über unser Verhältnis zu Geld und Freiheit.

Ein ausreichend großer Landsitz mit eigenen Brunnen, Feldern und Gärten könnte eine Familie problemlos versorgen. Durch die Anpflanzung von schnell wachsenden Bäumen, wie beispielsweise Weiden, könnten zudem Naturbauten entstehen. Das bedeutet, wir würden nicht länger in künstlichen Steinstrukturen leben, sondern uns von lebendigen, natürlichen Gebilden umgeben. Ob man auf dem Landsitz Lehmbauten, Blockhütten, Hobbit-Häuser oder ganz „normale" Steinhäuser errichtet, bliebe jedem selbst überlassen. In diesem Zusammenhang kann ich Ihnen erneut die Anastasia-Buchreihe ans Herz legen. Diese Bücher eröffnen inspirierende alternative Möglichkeiten zur Gestaltung des eigenen Lebensraums und haben mich tief bewegt. Glauben Sie mir, das Lesen dieser Bücher lohnt sich absolut!

Darin wird empfohlen, dass jede Person einen Landsitz von etwa einem Hektar erhält. Auf dieser Fläche ließen sich verschiedene Obst- und Gemüsesorten anbauen. Die Menschen wären dadurch autark, also „auf niemandes Weisung oder Unterstützung angewiesen" und würden wieder im Einklang mit der Natur, der Umwelt und den Tieren leben. Dadurch erhielten wir zudem Zugang zu hochwertigeren Lebensmitteln.

In Russland wurden in Gefängnissen bereits entsprechende Experimente durchgeführt. Das erstaunliche Ergebnis: Die Gefangenen benötigten keine Gitter und Schlösser mehr, da niemand seinen Landsitz – auch nach der Haft – wieder aufgeben wollte. Die ursprünglich vorsorglich errichteten Stacheldrahtzäune dienten am Ende nur noch dazu, die Familien der Insassen davon abzuhalten, regelmäßig ein- und auszugehen. Schließlich handelte es sich immer noch um einen Strafvollzug. Der Stacheldraht war am Ende von Rank- und Kletterpflanzen überwuchert und andere Umzäunungen als die angebauten Pflanzen und Bäume, die als natürliche Zäune dienten, gab es keine – ganz im Sinne der Empfehlungen von Anastasia.

Das Geld, verstanden als das Blut der Welt, das den gesamten Organismus mit allem Notwendigen versorgt, erfüllt zweifellos eine sinnvolle Funktion. Es erleichtert Transaktionen und ermöglicht den Handel. Wie bereits erwähnt: „Geld ist das ultimative Mittel zur Bewegung des Stoffes." Mit anderen Worten, es fungiert als das optimale Tauschmittel zur Translokation von Gegenständen und Dienstleistungen. Ob jedoch die Schaffung von Derivaten – also von Finanzprodukten wie Optionsscheinen, Futures oder Zertifikaten – ebenso sinnvoll ist, sei dahingestellt. Solche Instrumente dienen zwar zur Marktregulierung, was im Kryptowährungsmarkt aktuell noch fehlt. Daher erleben wir dort eventuell stärkere Marktausschläge und Übertreibungen, da es (2020) keine Marktteilnehmer gibt, die auf fallende Kurse spekulieren könnten.

Der Handel mit Aktien hingegen ist durchaus sinnvoll. Um sicherzustellen, dass jeder Leser mitkommt: Eine Aktie ist ein Inhaberpapier, das dem Anleger oder Investor eine Beteiligung an einem bestimmten Unternehmen bescheinigt. Der Anleger trägt dabei das Eigenkapitalrisiko sowie die mit der Investition einhergehenden, oft unvermeidlichen Kursschwankungen. Im Gegenzug erhält er in der Regel eine jährliche Gewinnbeteiligung, die sogenannte Dividende. Zudem kann er von steigenden Kursen profitieren, indem er seine Aktien börsentäglich am Kapitalmarkt verkauft. Auf diese Weise hat jeder die Möglichkeit, sich an Unternehmen zu beteiligen und von deren Wachstum zu profitieren.

Diese Kursveränderungen können jedoch von großen Marktteilnehmern, die über ausreichend Kapital verfügen, künstlich herbeigeführt werden. Dies geschieht durch massiven Zu- oder Abverkauf von Aktien, wodurch der Marktpreis beeinflusst wird. Für den Kleinanleger, der nur begrenzte Mittel zur Verfügung hat, ist es nahezu unmöglich, gegen solche Manipulationen anzukommen. Wie wir bereits besprochen haben, sind Informationen in der heutigen Zeit bares Geld wert. Allein eine Verzögerung von 15 Minuten, wie sie bei allen kostenfreien Kurscharts üblich ist, verschafft institutionellen Anlegern einen entscheidenden Vorteil gegenüber privaten Investoren.

Besonders problematisch ist, dass es den Kongressmitgliedern in den USA erlaubt ist, Börsengeschäfte zu tätigen. Das bedeutet, dass sie bereits vor der Verabschiedung eines Gesetzes wissen, wie sich die Entscheidung voraussichtlich auf die Börsenkurse der betroffenen Unternehmen auswirken wird und dementsprechend frühzeitig ihre Positionen eingehen können. Im Grunde handelt es sich hier um Insiderhandel, der eigentlich illegal ist. Für die Abgeordneten der USA und vermutlich auch anderer Länder scheint das jedoch nicht zu gelten.

Selbst wenn ein Kleinanleger es schafft, Kursgewinne oder Dividenden zu erzielen, muss er diese erneut versteuern. Dabei kauft er seine Anteile bereits von einem Einkommen, das mehr als ausreichend besteuert wurde. Die erzielten Erträge oder Gewinne unterliegen wiederum der Steuerpflicht, während Verluste lediglich mit zukünftigen Einnahmen verrechnet werden können. Angesichts dieser Bedingungen hat der Kleinanleger daher nur geringe Chancen, nennenswerte Profite zu realisieren.

Ein weiteres Problem ist, dass es oft besser wäre, Aktien zu verkaufen, falls man sie bereits besitzt, wenn große Medien eine Empfehlung zum Kauf aussprechen. Solche Empfehlungen erscheinen häufig zu einem Zeitpunkt, an dem Insider bereits gehandelt haben und der Kursanstieg eventuell bereits seinen Höhepunkt erreicht hat.

Ich finde den grundsätzlichen Gedanken, dass auch Kleinanleger die Möglichkeit haben, sich an Großunternehmen zu beteiligen, sehr lobenswert. Um jedoch Marktverzerrungen durch Einzelne, die durch ihr enormes Kapital starke Kursschwankungen verursachen können, zu minimieren, wäre es vielleicht sinnvoll, jedem Anleger einen Maximalbetrag pro Unternehmen vorzuschreiben. Dadurch könnte die Einflussnahme auf den Markt durch wenige große Investoren eingeschränkt werden. Zudem sollte es gerechterweise keine Schlupflöcher geben, die es ermöglichen, diesen Maximalbetrag durch Beteiligungen, Stiftungen oder andere Institutionen zu umgehen.

Ein kurzer Exkurs zur Steuer, die uns alle „begeistert": Als ich dieses Buch 2020 zu schreiben begann, lag die Mehrwertsteuer aufgrund der Corona-Pandemie bei 16 %, inzwischen sind wir wieder bei 19 % angelangt. Diese 19 % werden jedoch zusätzlich auf bereits bestehende Steuern, wie die Tabak- oder Mineralölsteuer, aufgeschlagen. Das bedeutet, dass wir beispielsweise beim Tanken nicht nur die Mineralölsteuer zahlen, sondern auch darauf noch einmal Mehrwertsteuer – also eine Steuer auf die Steuer. Das alles wird mit einem Einkommen beglichen, das ebenfalls schon versteuert wurde. Eine bemerkenswerte Praxis!

Kombiniert man diese Steuerlast mit der schleichenden Inflation und den Leistungskürzungen in den Sozialversicherungen – etwa die ständigen Reduzierungen in der gesetzlichen Krankenversicherung bei gleichzeitigen Beitragserhöhungen – erscheint die Zukunft nicht gerade rosig.

Gibt es denn Alternativen? Ja, die gibt es definitiv. Auch ich bin in dieser schnelllebigen Zeit ständig auf der Suche nach der richtigen Zusammensetzung für mein Portfolio. In den weiteren Bänden wird gegebenenfalls genauer darauf eingegangen.

Damit verlassen wir das Thema „Geld" und widmen uns der „Zeit". Aber wenn wir annehmen, dass Zeit gleich Geld ist, wie Benjamin Franklin sagte, haben wir das Thema dann überhaupt wirklich verlassen? Oder sind wir nicht auch hier wieder von anerzogenen Denkmustern geprägt?

Kapitel 7: Vom Wesen der Zeit

Jeder kennt den berühmten Wissenschaftler Albert Einstein, der sich intensiv mit der Relativität der dritten Dimension und der Zeit beschäftigt hat. Um ein einfaches Beispiel zu geben, stellen Sie sich eine Toilettentür vor. Ob man 5 Minuten vor oder 5 Minuten hinter dieser Tür verbringt, macht einen erheblichen Unterschied in der Zeitwahrnehmung. Wenn es nicht eilt, ist auch die Dauer vor der Tür kein Problem. Doch bereits hier zeigt sich, dass unser Zeitempfinden stark davon abhängt, wo wir uns befinden. Was passiert jedoch, wenn der Ort, an dem wir sind, sich ebenfalls bewegt? Und beeinflusst die Geschwindigkeit dieses Objekts, auf dem wir uns befinden, möglicherweise auch unser Zeitempfinden?

Einstein hat berechnet, dass ein Zwilling, der mit Lichtgeschwindigkeit durch das All reist, langsamer altert als sein Bruder oder seine Schwester, der oder die auf der Erde verbleibt. Obwohl dies mit der aktuellen Technologie offiziell noch nicht überprüft werden kann, nehmen wir einmal an, wir wären in der Lage, lange genug mit Lichtgeschwindigkeit zu reisen und dann zur Erde zurückzukehren. In diesem Fall könnten wir uns beim Abflug sogar selbst beobachten. Diese Überlegung zeigt bereits, dass die Zeit nicht linear verläuft, sondern eher in Sphären oder Schleifen.

Einsteins Theorie besagt, dass die Lichtgeschwindigkeit das absolute Maximum darstellt, mit dem sich Teilchen, Dinge oder sogar Lebewesen bewegen können. Diese Annahme würde jedoch durch den Nachweis von Tachyonen widerlegt werden, da diese hypothetischen Teilchen sich natürlicherweise schneller als das Licht bewegen sollen. Wenn Quantenteilchen keine Zeit kennen und über enorme Distanzen instantan kommunizieren, könnte es ein Medium geben, das „Übertragungen" mit Überlichtgeschwindigkeit ermöglicht.

Darüber hinaus wäre selbst bei den Ausmaßen unseres bisher bekannten Universums eine Reise mit Lichtgeschwindigkeit noch sehr zeitaufwendig. Der Abstand von der Erde zu Alpha Centauri, dem angeblich nächsten bewohnbaren Planetensystem, beträgt immerhin

4,2 Lichtjahre. Sie sehen also, dass eine Kolonisation oder Besiedelung unbekannter oder fremder Planeten sowie der regelmäßig notwendige Transport von Rohstoffen ein Reisen mit Überlichtgeschwindigkeit erfordern würde. Vielleicht steckt in den „Star Trek"-Filmen und deren Antriebstechnologie mehr Wahrheit, als wir zunächst glauben würden. Dabei bewegt sich das Raumschiff nicht selbst mit Über- oder Lichtgeschwindigkeit durch den Raum, sondern das Schiff bewegt den Raum um sich herum.

Stellen Sie sich das „einfach" als ein kontrolliertes Wurmloch vor, das eine Brücke im Gravitationsraum bildet. Okay, „einfach" war vielleicht etwas übertrieben! Nehmen Sie bitte ein Blatt Papier zur Hand und zeichnen Sie darauf zwei Punkte ein. Diese haben nun, zweidimensional betrachtet, einen bestimmten Abstand zueinander, den Sie mit einem Lineal messen können. Wenn Sie das Papier aber krümmen oder falten, lassen sich die Punkte beliebig nah zueinander bringen, obwohl der Abstand aus zweidimensionaler Sicht eigentlich immer gleich bleibt. Können Sie mir folgen?

Laut aktuellem Wissensstand handelt es sich bei einem Schwarzen Loch um das Überbleibsel einer erloschenen Sonne, die eine bestimmte Größe erreichen musste, damit dieses Phänomen auftreten konnte. Unsere Sonne wäre laut Astronomen dafür jedoch zu klein. Sterne pulsieren und senden daher manchmal stärkere und manchmal schwächere Strahlung oder Frequenzen aus. Diese Strahlung beeinflusst maßgeblich die umliegenden Planeten und deren Bewohnbarkeit. Wir alle kennen das Phänomen der Sonnenstürme oder -eruptionen und deren Einfluss auf unsere Satelliten oder technischen Geräte. Es könnte sogar sein, dass in der Vergangenheit Sonnenstürme das Ende einer damaligen Zivilisation herbeigeführt haben.

Wenn ein Stern seinem Ende entgegengeht, bündelt er seine letzten Energien. Dabei dehnt er sich zunächst massiv aus und wird zu einem Roten Riesen. Sobald die Energie erschöpft ist, kollabiert der Stern schlagartig. Abhängig von seiner ursprünglichen Größe entstehen dabei Neutronensterne, Weiße Zwerge oder Schwarze Löcher. Unsere Sonne wird wahrscheinlich als Weißer Zwerg enden. Ein Neutronenstern hingegen entsteht, wenn die Materie beim Kollaps so stark verdichtet wird, dass Protonen und Elektronen zu Neutronen verschmelzen. Neutronensterne zeichnen sich durch ihre geringe Größe, extreme Dichte und schnelle Rotation aus, was sie zu präzisen Zeitmessern macht. Auch der Stern Sirius C könnte ein solcher Neutronenstern sein. Wie ich Ihnen bereits häufiger verdeutlichen wollte und wie sich auch hier zeigt: Alles im Universum ist miteinander vernetzt.

Nun aber zu den Schwarzen Löchern, die fälschlicherweise oft mit Wurmlöchern verwechselt werden. Ein Schwarzes Loch entsteht, wenn eine ausreichend große Sonne in sich zusammenfällt und dabei eine so hohe Dichte erreicht, dass selbst Licht nicht mehr entweichen kann. Dabei hat sich die gesamte Masse der Sonne auf ein extrem kompaktes Volumen konzentriert. Das Resultat ist ein Gravitationsfeld, das so stark ist, dass es das Licht und damit auch die Zeit extrem verlangsamt oder sogar vollständig stoppt. Wir können ein Schwarzes Loch selbst nicht direkt sehen, da es das Licht vollständig absorbiert. Was wir jedoch wahrnehmen können, sind die Verzerrungen des umgebenden Lichts, welches noch nicht verschluckt wurde.

Während Schwarze Löcher real sind und bereits beobachtet wurden, sind Wurmlöcher bisher nur hypothetische Konstrukte der Physik. Ein Wurmloch, auch Einstein-Rosen-Brücke genannt, wäre eine Art Tunnel, der zwei verschiedene Punkte im Raum und in der Zeit miteinander verbindet. Sollte es Wurmlöcher tatsächlich geben, könnten sie theoretisch eine Art Abkürzung durch das Universum bieten.

Im Kapitel der Physik haben wir herausgefunden, dass ein Photon unendlich lange unterwegs ist, bis es auf ein Hindernis trifft. Das Licht der Sterne, das wir von der Erde aus sehen, könnte seit Milliarden von Jahren unterwegs und die Sterne selbst könnten längst erloschen sein. Wissenschaftler haben außerdem festgestellt, dass das Licht anderer Galaxien oft verzerrt erscheint, was auf die Einwirkung von dichten Massen wie Schwarzen Löchern zurückzuführen sei.

Unsere Wahrnehmung des Kosmos ist erstaunlich begrenzt. Berechnungen zufolge können wir nur etwa 4 % des gesamten Weltraums tatsächlich beobachten oder messen. Das bedeutet, dass 96 % davon aus Dunkler Materie, Dunkler Energie und möglicherweise anderen unbekannten Phänomenen bestehen könnten. Solche Themen wie unter anderem Antimaterie und Supersymmetrie werfen viele Fragen auf.

Zusammengefasst wissen wir nun, dass Zeit abhängig vom Ort, der Geschwindigkeit, der Masse und dem Beobachter ist. Aber am Ende bleibt die Erkenntnis: Eigentlich wissen wir noch sehr wenig. Oder sehen Sie das anders?

Machen Sie sich darüber keine Sorgen. Wenn wir uns bewusst sind, dass wir nicht alles wissen, öffnen wir uns für neue Erkenntnisse. Um jedoch Neues zu lernen, müssen wir bereit sein, Altes loszulassen. Denken Sie daran: Bevor Sie ein Gefäß neu befüllen, müssen Sie es zunächst entleeren und gründlich reinigen.

Stellen Sie sich vor, Sie hätten ein halbvolles Glas Wein, in das nun Bier gefüllt werden soll. Das Ergebnis ist wohl kaum genießbar! Wäre es da nicht sinnvoller, den Wein entweder auszutrinken oder, wenn er einem nicht schmeckt, wegzuschütten, bevor man das Glas sauber macht und frisch befüllt? Natürlich ist ein zweites Glas die bessere Lösung, aber Sie verstehen sicher, worauf ich hinausmöchte.

Das Glas symbolisiert unseren Körper, unseren Geist und unsere Seele, von denen wir in der uns bekannten Dimension jeweils nur ein Exemplar besitzen. Deshalb sind regelmäßige "Reinigungen", sowohl körperlich als auch geistig, meines Erachtens durchaus angebracht.

Kapitel 8: Vom Wesen von Beziehungen

Betrachten wir unsere sozialen Kontakte einmal genauer. Wenn wir ehrlich zu uns selbst sind, stellen wir oft fest, dass viele unserer sogenannten Freund- und Bekanntschaften an Bedingungen geknüpft sind. Es läuft häufig nach dem Muster ab: Wenn du dies tust, dann tue ich jenes. Diese Abhängigkeiten bestimmen unser Miteinander und schränken uns ein. Solche Konditionen sind nicht nur unter Freunden verbreitet, sondern auch in familiären Beziehungen, insbesondere zwischen Eltern und ihren Kindern. Eltern neigen oft dazu, ihre Zuneigung oder Anerkennung an Bedingungen zu knüpfen – etwa durch Sätze wie „Wenn du deine Hausaufgaben machst, dann bekommst du eine Belohnung." Das mag auf den ersten Blick sinnvoll erscheinen, doch es formt eine Haltung, bei der Liebe und Anerkennung nicht als selbstverständlich erlebt werden, sondern als etwas, das man sich erst verdienen muss.

Wirklich aufrichtige und bedingungslose Beziehungen sind in unserer heutigen Welt leider selten geworden. Statt Akzeptanz und Unterstützung erleben wir häufig subtile Verhandlungen und unausgesprochene Erwartungen. Solche Beziehungen schaffen ein Umfeld, in dem wir uns ständig beweisen müssen, anstatt einfach so akzeptiert zu werden, wie wir sind.

Betrachten wir das Beispiel zweier Freundinnen: Eine von ihnen ist äußerst attraktiv, während die andere etwas weniger auffällig ist. Der Vorteil für die attraktivere Dame besteht darin, dass sie neben ihrer zurückhaltenderen und möglicherweise unsichereren Begleiterin noch hübscher und selbstbewusster wirkt. Die weniger auffällige Freundin profitiert hingegen davon, dass sie durch diese Beziehung ebenfalls mehr Aufmerksamkeit, insbesondere von Männern, erhält, die sie sonst vielleicht nicht bekommen würde.

Die beiden Frauen verbringen regelmäßig ihre Freizeit miteinander und unterhalten sich. Doch sobald eine von ihnen einen Partner findet, ändert sich das Sozialgefüge. Die Frau, die nun in einer Beziehung ist, hat jetzt weniger Zeit für ihre Freundin, was zu Spannungen führen kann. Die andere könnte aus Eigeninteresse versuchen, mehr Zeit mit ihr zu verbringen und eventuell sogar den neuen Partner kritisieren, um die Aufmerksamkeit ihrer Freundin und die damit verbundene gesteigerte Wahrnehmung durch das andere Geschlecht zurückzugewinnen.

Ein ähnliches Verhalten lässt sich übrigens auch bei Männern beobachten. Es muss nicht immer der Fall sein, aber Menschen, die Schwierigkeiten haben, alleine Zeit mit sich selbst zu verbringen, neigen oft dazu, sich an andere zu klammern. Sie suchen ständig Gesellschaft, um sich abzulenken. Dabei fällt, wie zu Beginn des Buches bereits erwähnt, oft auf, dass diese Menschen nicht wirklich hinhören, sondern nur darauf warten, selbst wieder sprechen zu können. Ein echtes Einfühlen und aktives Zuhören bleiben dabei oft auf der Strecke.

Es ist also kein Wunder, dass es in unserer Welt so viele Missverständnisse gibt. Wenn Beziehungen auf Bedingungen beruhen und wir nicht wirklich hinhören, sondern nur auf unsere eigenen Interessen bedacht sind, wie soll dann echtes Verständnis entstehen? Wirklich bedingungslose und aufrichtige Freundschaften sind selten. Es wäre wünschenswert, wenn wir mehr Zeit damit verbringen würden, uns wirklich in andere hineinzuversetzen, anstatt nur unseren eigenen Vorteil zu suchen.

Eine Empfehlung ist, sich mit dem Kommunikationsmodell von Schulz von Thun auseinanderzusetzen, insbesondere mit den vier Seiten einer Nachricht. Durch eine klare und sachliche Gesprächsführung können zahlreiche Missverständnisse vermieden werden. Allerdings geht es nicht nur um das Gesagte. Ein altes amerikanisches Sprichwort lautet: „Talk is cheap", was so viel bedeutet wie: „Reden ist billig." Es besagt, dass man den wahren Charakter eines Menschen nur durch seine Taten erkennt. Erst in schwierigen Zeiten, wenn Sie wirklich Hilfe benötigen, zeigt sich, wer Ihnen zur Seite steht und wer sich abwendet. Das ist jedoch nichts Schlechtes, denn so können wir wahre Freunde erkennen und uns von falschen befreien, wodurch wir unser „Gefäß" erneut reinigen können.

Kürzlich hatte ich einen neuen Bekannten, von dem ich wirklich dachte, er könnte ein aufrichtiger und enger Verbündeter werden. Gemeinsam wagten wir einige kleinere unternehmerische Versuche, die ich finanziell trug. Als er schließlich darauf hingewiesen wurde, dass auch er seinen Beitrag zu leisten habe – entweder finanziell oder zumindest durch aktiven Einsatz – kamen nur Ausreden. Er erklärte, warum er es nicht könne, warum er in einer schwierigen Lage sei und so weiter. Nachdem diese Ausflüchte von mir entkräftet wurden und er keine weiteren Argumente mehr fand, hörte ich plötzlich nichts mehr von ihm. Er reagiert nicht auf Anrufe oder Nachrichten und scheint sich regelrecht zu verstecken.

Was lernen wir daraus? Vertrauen Sie immer auf Ihre Intuition und seien Sie wachsam. Erfolgreiche Menschen handeln, während erfolglose Menschen Ausreden finden. Ist Ihnen das auch schon einmal aufgefallen?

Herausforderungen und Widerstände gehen häufig vom eigenen Umfeld aus. Vielleicht ist „Feinde" hier ein etwas übertriebener Ausdruck, aber es gibt zweifellos viele Menschen, die uns Energie rauben. Teilen wir unsere Träume und Visionen mit den falschen Personen, werden diese schnell zunichte gemacht. Kürzlich sagte ein langjähriger Bekannter zu mir: „Ich würde dir deinen Erfolg gönnen!" Doch als ich ihm vorschlug, eine einfache Änderung vorzunehmen, die ihm sogar finanzielle Vorteile gebracht hätte, reagierte er nur mit Ausreden und Ausflüchten. Was er tatsächlich meinte, war: „Ich gönne dir deinen Erfolg, solange ich selbst davon profitiere, aber aktiv dazu beitragen möchte ich nichts."

Solche Menschen denken nur an ihren eigenen Vorteil und haben weder ein Verständnis für den karmischen Ausgleich noch für spirituelle Prinzipien. Von klein auf wird uns beigebracht, dass man für Jammern und Klagen Aufmerksamkeit und Mitleid erhält, während Erfolg oft Neid hervorruft. Schauen Sie sich um – das ist allgegenwärtig. Wäre mein Bekannter zumindest aufrichtig und offen gewesen, hätte ich das zwar als unangenehm empfunden, aber immerhin als ehrlich und direkt akzeptiert. Diese Offenheit wäre leichter nachzuvollziehen, auch wenn sie nicht unbedingt loyal gewesen wäre. Leider ist er nicht der Einzige im Freundeskreis, bei dem ähnliche Erfahrungen gemacht wurden. Sobald jedoch Informationen oder Hilfe von meiner Seite benötigt werden, bin ich plötzlich ein gern gesehener Gast.

Interessanterweise schließt sich hier der Kreis. Zu Beginn dieses Buchprojekts stand das Thema Beziehungen noch gar nicht im Fokus, sondern es drehte sich alles um das Informationszeitalter. Erst durch die jüngsten Erlebnisse rückte es in den Vordergrund. Vermutlich haben auch Sie ähnliche Erfahrungen gemacht oder machen sie regelmäßig. Warum das so ist, wird im nächsten Band näher erläutert.

Das Thema Pünktlichkeit wird von vielen Menschen oft vernachlässigt. Ein langjähriger Bekannter ist ein Paradebeispiel für extreme Unpünktlichkeit. Eines Tages, nach erheblichem Warten von etwa 2,5 Stunden, machte ich mir die Mühe, eine kurze mathematische Überschlagsrechnung anzustellen. Angenommen, ich bin diesem Bekannten in den letzten 30 Jahren etwa 900 Mal begegnet – was etwa 30 Treffen pro Jahr entspricht – und er bei jeder Begegnung im Durchschnitt 1 Stunde zu spät kam, ergeben sich insgesamt 900 Stunden Verspätung. Das entspricht etwa 37,5 vollen Tagen oder etwas mehr als einem Monat Lebenszeit, die mit Warten verbracht wurden.

Und das ist noch nicht alles. Oft war ich nicht der Einzige, der auf diesen Bekannten warten musste. Wenn man bedenkt, dass auch andere Menschen regelmäßig in dieser Situation waren, dann haben wir zusammen wohl mindestens ein halbes Jahr unseres Lebens mit Ausharren oder Zeitüberbrückung verschwendet. Ein halbes Jahr wegen einer einzigen Person! Wie krass ist das bitte?

Es wäre vielleicht an der Zeit, sich das ehrlich einzugestehen. Mit diesem Menschen gab es definitiv mehr als 900 Treffen, besonders in der Jugend, als die Begegnungen fast täglich stattfanden. Wenn man diese Wartezeit hinzu rechnet, komme ich allein schon auf mehrere Monate.

Vor diesem Hintergrund erscheint die Tatsache, dass der Durchschnittsmensch nur etwa 25.000 Tage lebt, in einem neuen Licht. Diese verlorenen Stunden sind erheblich. Stellen Sie sich vor, wie viele Tage Ihres Lebens durch Warten oder ineffiziente Nutzung verloren gehen.

Wäre die Zeit, die mit Warten verbracht wurde, stattdessen in das Schreiben dieses Buches investiert worden, könnten Sie jetzt vielleicht schon den zweiten Band in den Händen halten. Doch stattdessen wurde auf den Kumpel gewartet, was schon ein bisschen traurig ist. Beim letzten Treffen konnte ich mich nicht zurückhalten und adressierte das Thema deutlich. Sein genervter Blick sprach Bände – als ob ich nach über dreißig Jahren Unpünktlichkeit nicht das Recht hätte, selbst genervt zu sein! Interessanterweise wurde kürzlich, beim intensiveren Beschäftigen mit Psychologie, plötzlich klar, warum dieses Verhalten so viele Menschen so lange begleitet.

Was wir alle suchen, ist Aufmerksamkeit und Anerkennung. Diese grundlegenden Bedürfnisse wurden uns als Kinder von unseren Eltern oder unserem Umfeld oft nicht in ausreichendem Maße zuteil. Dadurch haben sich in uns unbewusste kindliche Muster festgesetzt, die auf unserer „Festplatte" abgespeichert sind und unser Verhalten bis heute beeinflussen. Das Problem ist, dass wir uns der Existenz dieser Prägungen oft nicht bewusst sind und somit auch nicht genau wissen, welche es sind. Eine direkte Löschfunktion gibt es nicht; wir können die alten Denkstrukturen nur durch neue ersetzen – vorausgesetzt, wir erkennen sie überhaupt. Doch genau hier liegt die Schwierigkeit: Viele dieser neuronalen Verknüpfungen sind „blinde Flecken", die wir selbst nicht wahrnehmen, sondern die nur Außenstehende erkennen und uns dabei helfen können, sie zu verändern.

Wenn Menschen in ihrer Kindheit möglicherweise nicht genug Beachtung erhielten, suchen sie diese Anerkennung später oft verstärkt im Außen. Dies kann sich in Form von teuren Sportwagen, ausgefallener Kleidung, extravagantem Körperschmuck und ungewöhnlichem oder exzentrischem Verhalten zeigen. Denken Sie an diejenigen, die mit aufgemotzten, dröhnenden Autos, oft in einer Gruppe, immer wieder durch die Stadt fahren – so, dass sie jeder sehen und hören muss. Ist das nicht vielleicht ein verzweifelter, kindlicher Schrei nach Aufmerksamkeit, wie: „Mama, Papa, seht mich an! Bin ich nicht ein toller Mensch? Bitte schenkt mir eure Beachtung!"?

Darauf werde ich im nächsten Band ausführlicher eingehen. Doch lassen Sie uns zu den unpünktlichen Menschen zurückkommen. Wenn solche Personen unbewusst oder beabsichtigt als Letzte erscheinen und alle anderen mindestens eine Stunde auf sie warten müssen, dann bekommen sie automatisch die meiste Aufmerksamkeit. Ob diese positiv oder negativ ist, spielt für das Unterbewusstsein keine große Rolle. Das Tragische daran ist, dass sie oft nicht einmal wissen, warum sie so handeln. Vielleicht agieren sie unbewusst wie ein Elefant im Porzellanladen oder ein Floh, der nicht bemerkt, wie sehr er stört.

Es ist wichtig zu erwähnen, dass viele Menschen über Jahrzehnte hinweg denselben Freundeskreis pflegen. Auf der einen Seite ist das natürlich sehr lobenswert, da eine lange gemeinsame Zeit ein starkes Band schafft, das nur schwer zu lösen ist. Auf der anderen Seite bedeutet dies jedoch oft auch, dass diese Menschen über Jahre hinweg keine neuen Personen in ihr Leben lassen. Dadurch bleiben ihnen frische Meinungen, neue Sichtweisen, aktuelles Wissen und innovative Herangehensweisen oft verwehrt.

Es gibt sogar das Sprichwort: „Du bist der Durchschnitt deiner fünf engsten Freunde." Deshalb lautet mein Rat: Wählen Sie Ihre Freunde weise. Seien Sie bereit, alte Bekanntschaften loszulassen und meiden Sie Energieräuber. Treffen Sie hier eine konsequente Entscheidung für sich selbst. Das Wort „Entscheidung" beinhaltet nicht umsonst das Wort „Scheidung". Wie bereits mehrfach erwähnt wurde, ist es notwendig, das Gefäß zu leeren und sich von Altem zu trennen, um Platz für Neues zu schaffen.

Schlusswort

Wie bereits erwähnt, heißt es in der Bibel: Am Anfang war der Geist oder Logos schon anwesend, noch bevor die Sprache entstand und das Wort gesprochen wurde. Alles, was wir heute in unserer dreidimensionalen Welt wahrnehmen, war ursprünglich bereits im Geist vorhanden.

Nehmen wir zum Beispiel Fords Automobil oder die Fluggeräte der Gebrüder Wright – zwei Erfindungen, die unser tägliches Leben maßgeblich beeinflussen. Zuerst hatten diese Pioniere eine Idee, die sie zu Papier brachten, bevor sie sie schließlich in die Realität umsetzten. Interessanterweise stand am Beginn dieser Erfindungen immer ein Problem oder ein Hindernis, das den Menschen oder Erfinder dazu brachte, eine Lösung zu suchen. Ohne ein Problem gäbe es also nie Innovationen, die zu zielführenden Ergebnissen führen.

Ärgern Sie sich über Probleme in Ihrem Leben oder Alltag? Warum eigentlich? Sie eröffnen doch ständig neue Möglichkeiten für Lösungen! Versuchen Sie, das Wort „Problem" durch „Herausforderung", „kleine Hürde" oder „Situation" zu ersetzen. Spüren Sie, wie das energetisch bereits eine positive Veränderung bewirkt?

Wir Menschen sind als Beobachter automatisch auch Mitschöpfer unserer Realität. Je nachdem, von welcher Seite wir ein Thema betrachten – wie beispielsweise beim Doppelspalt-Experiment – und mit welchem Messgerät oder welcher Einstellung wir an die Sache herangehen, beeinflussen wir das Ergebnis unbewusst. Ob Sie mit einer positiven oder negativen Einstellung durchs Leben gehen, spiegelt sich direkt in Ihren Lebensumständen wider.

Jeder von uns kennt doch Personen, die sich ständig beschweren, jammern und klagen und bei denen alles, aber auch wirklich alles, querzulaufen scheint. Oder vielleicht kennen Sie das Phänomen, wenn Sie sich gleich nach dem Aufstehen den Zeh stoßen und von da an scheinbar nichts mehr richtig läuft. Alles, was Sie an diesem Morgen oder im Verlauf des Tages anpacken, scheint schiefzugehen. In solchen Momenten wünscht man sich, einfach im Bett geblieben zu sein – wer hat das nicht schon einmal erlebt?

Es ist ebenfalls wissenschaftlich belegt, dass wenn ein Gedanke 17 Sekunden lang im Bewusstsein festgehalten wird, dieser automatisch ähnliche Gedankenmuster anzieht. Ein negativer Impuls führt zum nächsten und zum übernächsten, bis man sich plötzlich tief im Kaninchenbau negativer Emotionen wiederfindet und mühsam herausfinden muss. Dieses Muster kennen wir alle in unterschiedlichen Formen und Ausprägungen. Es zeigt uns, wie stark unser Denken unser Leben beeinflussen kann.

Daher mein Rat an Sie: ***Sorgen Sie dafür, dass Sie stets positive Gedanken hegen und pflegen.*** Diese ziehen dann automatisch weitere bejahende Gedanken an, die schließlich auch erfolgreiche Erlebnisse in Ihr Leben bringen werden. Diese hoffnungsvollen Erlebnisse führen wiederum zu weiteren positiven Gedanken und so entsteht ein Kreislauf der Freude und des Glücks.

Ich weiß, das ist eine Herausforderung. Doch wird Ihnen langsam klar, warum manche Menschen ein Leben in solcher Fülle führen? Stellen Sie sich vor, Sie wären in eine Familie hineingeboren, die dieses Wissen seit Jahrhunderten bewahrt und von einer Generation an die nächste weitergibt. Dieses Verstehen oder Bewusstsein wird Ihnen quasi schon vor der Muttermilch mitgegeben, es schwingt in Ihrer DNS mit.

Vielleicht verstehen Sie nun besser, warum Donald Trump einmal sagte: „Reichtum ist genetisch." Denn in diesen Familien bewegen sich die Menschen von Geburt an in ganz anderen Sphären und so geht es von Generation zu Generation weiter.

Für manche mag diese These völlig absurd klingen, während andere darin eine Bestätigung ihres Glaubens finden und unendliche neue Welten für sich entdecken. Diese Welten bieten viele spannende Themen und Lernfelder, die darauf warten, erkundet zu werden. Sie werden Sie zu neuen Themen führen und Ihnen ermöglichen, immer weiter zu wachsen.

Denken Sie daran: Eine Pflanze kann nur sprießen oder eingehen. Auch wenn das Wachstum manchmal unsichtbar bleibt, entwickeln sich die Wurzeln unter der Erde kontinuierlich fort. So, wie die Pflanze sich beständig entfaltet, haben auch Sie die Möglichkeit, sich fortwährend weiterzuentwickeln. Oder Sie wählen den Weg des Stillstands und riskieren, in eine Phase des Verkümmerns oder der Stagnation zu geraten.

Mit Ihrem wachsenden Bewusstsein wird sich auch das kollektive Bewusstsein der Menschheit vergrößern oder erhöhen. Viele von uns versuchen, die Welt zu verändern, ohne zu erkennen, dass wir dabei lediglich ein Spiegelbild betrachten. Doch das ist so aussichtslos, als würden Sie einen Keks vor einen Spiegel halten und dann versuchen, das Spiegelbild des Kekses zu essen oder auch nur einen Krümel davon abzubrechen. Es ist unmöglich, weil das Spiegelbild nicht die Realität ist – es ist nur eine Reflexion. Der wahre Wandel kann also nicht geschehen, indem man das Spiegelbild manipuliert. Stattdessen müssen wir an der Ursache ansetzen, an uns selbst. Nur dann wird sich auch das, was wir in der Welt sehen oder wahrnehmen, wirklich verändern.

Oder stellen Sie sich vor, Sie würden vor dem Spiegel stehen und Ihr Abbild retuschieren oder „photoshoppen" lassen, in der Hoffnung, dass sich dadurch Ihr tatsächliches Aussehen ändert. Verrückt, oder? Doch genau das tun wir ständig: Wir versuchen, die Symptome zu beheben, ohne die eigentliche Ursache anzugehen. Wissen Sie, was die Definition von Wahnsinn ist? „Immer wieder die gleichen Handlungen zu wiederholen und dennoch andere Ergebnisse zu erwarten."

Kennen Sie nicht auch solche Aussagen von Menschen wie: „Ja, das habe ich schon immer so gemacht," oder: „Seit 30 Jahren bin ich mit diesen Personen befreundet."? Solche Sätze begegnen uns oft. Einmal hörte ich von meinem Mentor einen einfachen, aber tiefgründigen Satz, den ihm einst sein eigener Mentor gesagt hatte: „Wenn Du etwas in Deinem Leben verändern willst, dann musst Du etwas in Deinem Leben verändern."

Dieser scheinbar banale Ausspruch birgt eine tiefgreifende Wahrheit. Wenn Sie wirklich etwas in Ihrem Leben verändern möchten, sollten Sie zuerst anerkennen, dass Sie der Schöpfer Ihrer eigenen Realität sind. *Alles, was Sie umgibt, ist das Ergebnis Ihrer Gedanken und Verhaltensmuster. **Punkt!***

Der erste Schritt zur Veränderung ist also, sich das einzugestehen und die volle Verantwortung dafür zu übernehmen. Wenn Sie Ihre Umwelt ändern wollen, sollten Sie vielleicht nicht mehr essen, was Sie einst aßen, nicht mehr denken, wie Sie einst dachten, nicht mehr sprechen, wie Sie einst sprachen und nicht mehr treffen, wen Sie einst trafen. Verzweifeln Sie jedoch nicht, denn das würde nur dazu führen, dass Sie Ihren Fokus „verzweigen" und Ihre Energie spalten, wodurch Sie das Momentum verlieren. Schalten Sie Ihre Glotze aus und stoppen Sie die permanente Unterhaltung. Hören Sie auf, sich unten halten zu lassen! Wenn es bei Ihnen „Klick" gemacht hat und Sie das verstanden haben, haben Sie bereits einen wichtigen Schritt getan.

Liebe Leserin, lieber Leser,

es wäre wünschenswert gewesen, aussagekräftiges Bildmaterial zur Verfügung zu stellen, um die Themen dieses Bandes noch anschaulicher zu gestalten. Leider war es nicht möglich, alle notwendigen Bilder zu erwerben und aus praktischen Gründen konnte nicht jeder relevante Ort persönlich bereist werden, um die Aufnahmen selbst zu machen. Da die zeitnahe Veröffentlichung dieses Buches eine Herzensangelegenheit darstellt und es als Teil des Vermächtnisses an die Welt betrachtet wird, wurde beschlossen, es zunächst ohne umfassendes Bildmaterial herauszugeben.

Bereits im Anhang finden Sie Bildempfehlungen und Videolinks, die dazu beitragen, die behandelten Schwerpunkte anschaulicher zu präsentieren. Diese Ressourcen sollen Ihnen eine tiefere Einsicht in die Inhalte ermöglichen und die Konzepte visuell veranschaulichen. Sie sollen Ihnen helfen, die Thematik noch besser zu verstehen und zu vertiefen. So sei sichergestellt, dass Sie nicht nur die theoretischen

Inhalte aufnehmen, sondern auch visuelle Anker haben, die das Gelernte greifbarer und anschaulicher machen.

Zum Abschluss eine kleine Anekdote, die vielleicht zum Nachdenken anregt: Die Erinnerung kam auf, als vorhin der störende Floh erwähnt wurde. Dieser kann erstaunlich hoch hüpfen, doch wenn er in ein Glas mit Deckel gesperrt wird, stößt er sich dabei immer wieder den Kopf an. Nach einer Weile lernt er, nur noch so hoch zu springen, dass er die Abdeckung nicht mehr berührt. Selbst wenn der Verschluss später entfernt wird, wird er vorerst nicht wieder höher springen. Er hat sich angepasst und ist damit dressiert. Sind wir Menschen nicht oft genauso? Als Kinder stoßen wir immer wieder an Grenzen und passen uns schließlich an, um geliebt und akzeptiert zu werden. Wir lernen, uns zu verbiegen und unsere Sprunghöhe zu begrenzen.

Mir ist bewusst, dass diese Lektüre trotz ihres geringen Umfangs einiges an Nachdenken und Reflexion erfordert. Lassen Sie mich daher abschließend noch einmal auf unseren metaphorischen Elefanten zurückkommen. Wenn Sie vor der Aufgabe stünden, ihn zu verspeisen – wie würden Sie es angehen? Natürlich Stück für Stück, oder? Aber keine Sorge, das ist rein hypothetisch, denn diese majestätischen Wesen verdienen unseren Schutz, nicht unseren Verzehr.

Herzlichen Dank für Ihre Zeit und Ihr Durchhaltevermögen, dieses Buch bis zum Ende gelesen zu haben. Es war sicherlich nicht immer einfach und Ihre Ausdauer verdient großen Respekt. Klopfen Sie sich ruhig einmal selbst auf die Schulter! Ich hoffe, dass die Denkanstöße in diesem Band Ihnen einen wertvollen Mehrwert für Ihr Bewusstsein und Ihr weiteres Leben bieten konnten oder können.

Alles Gute und bleiben Sie in Harmonie und Freude,

Ihr Michael Ackermann

Bildempfehlungsliste:

um diese in die Suchleiste des Providers einzugeben:
(am besten dann nur Bilder anwählen)

- Monument Valley

- Kayenta, Monument Valley

- Devil's Tower/Rock

- Jejak Tapak Kaki (Fußabdrücke)

- Klinoptilolith bei Beli Plas/Kardzhali Bulgarien (versteinerte Pilze)

- Cape Bridgewater

- Steinwald Kunming China

- Blue Mesa

- Horseshoe Bend, Colorado River Arizona

- Maricopa Point Grand Canyon

- Almstrom Point

- Lone Rock in Lake Powell

- The Teepees in the Painted Desert at Petrified Forest National Park Arizona

- Zyklopen Insel Sizilien

- Fußabdruck von Mpuluzi

- Riesen von Ecuador (Frau 2,5 m)

- Alien Schädel von Mexiko

Bildempfehlungsliste:

um diese in die Suchleiste des Providers einzugeben:
(am besten dann nur Bilder anwählen)

- Tal der Könige

- Fibonacci-Folge in Muscheln

- Goldener Schnitt

- Blue Mountains (Australien)

- Kukenam-Tepui (Venezuela)

- Tafelberg auf der Landzunge vor der Thule Air Base

- Cedar Mountain, Coconino Co., Arizona, USA

- Gamsberg in Namibia

- Table de Jugurtha, Tunesien

- Lilienstein, ein Tafelberg in der Sächsischen Schweiz

- Tafelberg bei Kapstadt in Südafrika

- Amba bei Aksum

- Mount Conner

- Petrified Forest

<u>Videolinks:</u>

Es gibt keinen Wald/Wälder auf dieser Erde:

https://odysee.com/@Uk-Rider:a/VID_20231225_160407_528:d

https://www.youtube.com/watch?v=6A5t9QeWfhk

Anunnaki:
(Englisch mit deutschen Untertiteln. Aktivieren Sie dazu die Untertitel in den Einstellungen von YouTube.)

https://www.youtube.com/watch?v=uF2evAhZRcQ

https://www.youtube.com/watch?v=jM-

https://www.youtube.com/watch?v=uF2evAhZRcQ&t=2618s

https://www.youtube.com/watch?v=jM-1cMNqw8Y

https://www.youtube.com/watch?v=2WMa1AuAcD8

Wichtiger Hinweis: Bitte beachten Sie, dass die Links in diesem Buch seit der Veröffentlichung aktualisiert oder geändert worden sein könnten. Daher sind verschiedene Plattformen und Quellen verlinkt. Es ist möglich, dass sich einige Links überschneiden oder dass Dokumentationen, auf die verwiesen wird, nicht mehr verfügbar sind. Da nicht garantiert werden kann, wie lange die Links aktuell bleiben oder ob sie eventuell entfernt werden, empfehle ich Ihnen, direkt bei den jeweiligen Plattformen nach den neuesten Informationen zu suchen oder alternative Quellen auf ähnliche Inhalte zu überprüfen.